AF435338

MAGISTERIO

Zorrillo Pallavicino, Alix.

Juegos musicales para estimular la atención y la concentración / Alix Zorrillo Pallavicino. — Bogotá: Cooperativa Editorial Magisterio, 1999.

142 p.: il. ; 24 cm. — (Colección Aula Alegre) Incluye bibliografía.

1. Juegos educativos 2. Musicoterapia 3. Música en educación I. Tít. II. Serie

371.397 cd 19 ed.

AGQ9732

CEP-Biblioteca Luis-Angel Arango

Alix Zorrillo Pallavicino

Juegos musicales para estimular la atención y la concentración

MAGISTERIO

Juegos musicales
para estimular la atención y la concentración

© Alix Zorrillo Pallavicino

Libro ISBN. 978-958-20-0750-8

Primera edición: 1999
Segunda edición: 2000
Tercera edición: 2007

© COOPERATIVA EDITORIAL MAGISTERIO
Diag. 36 Bis *(Parkway La Soledad)*
Bogotá, D.C. Colombia
www.magisterio.com.co

Dirección General
ALFREDO AYARZA BASTIDAS

Carátula
MARÍA ALEJANDRA DAZA

A
Gabo Yezid y Zuly.

A
Javi, Juancho, Leydi Catherine, Sebastian, Nicolas,
Cindy, Alberto José, David, Paola Andrea, Luis Carlos,
Rocio, Nancy, Andrea, Andrés, Julia, Cesarín, Carlos,
Yaneth, Olga, Mauricio, Juan Manuel, Carlos Enrique,
Pedrín, Gabriela, Ricardo, Jhon, Giuly, Camilo, Lorenzo,
Antonio, Eleonora, Patty, Miguel...

y todos los niños que me han ayudado a crecer

Agradecimientos

Un profundo agradecimiento a: Martha y Pedro Llerena
por la asesoría técnica-metodológica del material grabado que
acompaña este libro.
A Gabriel Zorrillo por la dirección artística del trabajo tanto
escrito como grabado. A Giuliano Pallavicino por el estímulo y
apoyo permanente tanto en la parte intelectual como artística.

Contenido

Introducción

ola, querido lector:

Este libro ha sido escrito pensando exclusivamente en tí, para que te diviertas sólo o acompañado, con unos juegos muy simpáticos que tienen que ver con la música y además, han sido organizados para que te puedan ayudar a aprender y a mejorar en el estudio. Sí, así es, y ¿quieres saber por qué?

¿Te ha sucedido alguna vez, estar escuchando lo que explica el profesor y sin darte cuenta, por un segundo, quedas "en las nubes" y pierdes el hilo del tema? pues bien, te digo que no eres el único, a todos nos ha sucedido alguna vez. A esto se le llama perder la atención —así sea por pocos segundos— y en consecuencia con el tiempo, unido a otras pequeñas cosas, podría afectar negativamente nuestro rendimiento en el estudio.

Los juegos que encuentras aquí te ayudarán a mejorar la concentración y la atención. Y, si ninguno te lo había dicho antes, estos dos aspectos: la *atención* y la *concentración* son dos armas secretas claves para aprender mejor y con más facilidad cualquier cosa.

Recomendaciones

Recuerda siempre que los juegos de este libro son para divertirse, cada persona desarrolla el juego como quiera y pueda, porque en estos juegos no se califica bien o mal. Que el juego se haga y que cada uno se divierta haciéndolo, es el único requisito.

2. Escribe con lápiz, así podrás repetir el juego cuantas veces lo desees y con distintas personas.

3. Puedes regrabar el cassette que acompaña tu libro, así tienes uno de reserva.

4. Hay juegos cortos que puedes hacer el mismo día, hay otros bastante largos que puedes dividir en varios días. De todas maneras cada uno decide cuántos juegos hacer al día.

5. Si por casualidad no te queda muy clara la explicación de un juego, léela en compañía de un adulto.

6. Al final de cada juego una melodía te indicará que éste habrá terminado. Así colocas la pausa y lo desarrollas con calma.

7. Para un niño menor de siete años puede ser necesario en algunos juegos una explicación adicional del adulto, o mejor aún, desarrollar los juegos siempre en compañía de un adulto. Por ejemplo en el juego 19 se le podría decir que jugamos a que éramos de un planeta donde no existen las palabras y sólo ahora se comienzan a inventar.

Un poco de teoría

l juego y la música, dos aspectos que en el niño surgen en forma natural y espontánea. Después de muchos estudios, análisis y discusiones es unánimemente aceptada la importancia de estos aspectos para el desarrollo del niño, porque sin duda resultan inherentes a su crecimiento, a su educación en general y al logro de un equilibrado proceso de aprendizaje y socialización.

Qué es el juego

Es la forma natural como el niño conoce las cosas que lo rodean, se conoce a sí mismo y a los demás y descubre el mundo circundante.

Todos hemos pasado por este proceso siempre a través del juego sea individual o con otras personas. Muchas sensaciones e ideas las hemos adquirido con el juego, algunas veces jugando solos, otras las hemos aprendido guiados por otro niño o por algún adulto que a través del juego estimuló algo dentro de nosotros y gracias a eso entendimos una cierta cosa que enseguida fue archivada en nuestra memoria y seguramente la recordamos aún hoy con la misma sensación agradable que en ese momento sentíamos.

Y ¿por qué se recuerdan en particular ciertos momentos y no otros? Tal vez porque se vivía un verdadero momento de juego, es decir un momento relajado y divertido en el cual se intercambiaba con la otra u otras personas a un mismo nivel, no existía una jerarquía que oprimiera o limitara el intercambio por lo tanto se hablaba, reía y participaba sin limitaciones o miedos.

Otra razón es que posiblemente fue un momento lúdico que en la vida afectiva del niño tuvo una gran importancia por la posibilidad de ver que como él, todos expresaban en forma deshinibida los propios sentimientos y pensamientos dando libertad a las emociones. Situaciones como ésta vividas y recordadas en un cuadro agradable y relajado dan bases sólidas, entre otros aspectos, a la socialización.

Existen diversas teorías acerca del juego y por lo tanto se encuentran muchas y variadas definiciones ya sea desde el punto de vista biológico, educativo, psicológico o social. Y, seguramente cada uno de estos enfoques determina un aspecto muy importante en la evolución del juego en el niño, porque obviamente a medida que el niño crece el juego o las mecánicas del juego cambian.

En efecto, Jean Piaget decía que "el juego es una forma de adaptación a la realidad". Son operaciones o mecanismos de posibilidad de comprensión del mundo que lo preparan para su desenvolvimiento autónomo. Se constituye en institución social comportando todo un código que avanza según los niveles de evolución del pensamiento del niño.

Para Freud, el juego es el camino verdadero para la comprensión de los esfuerzos que el yo infantil realiza para lograr una síntesis. Siempre para el psicoanálisis, el juego es una forma de compensación de los deseos y tendencias del niño irrealizables en la vida real. Los motivos del juego están fuera de la conciencia del niño y obedecen a una dinámica inconsciente.

"El juego es un medio para explorar las experiencias físicas, emotivas e intelectuales", —comenta Donald Baker en su libro "Entender el juego" y agrega: ..."y pone al niño en la condición de asimilar tales experiencias traduciéndolas en modelos de comportamiento, convenciones sociales y estructuras de referencia para el futuro.

Dice también que el juego es una cosa absolutamente seria y tan necesaria que lo es no sólo para el desarrollo del pensamiento y de los sentimientos sino que es también esencial en el crecimiento físico.

Qué es la música

En el colegio aprendí que la música es el arte de expresar la belleza a través de los sonidos. Y, aunque en el momento la frase no fue desmenuzada ni ampliada su explicación, hoy me doy cuenta que recibí en cambio con el tiempo los elementos para poder entenderla.

Efectivamente la primera cosa era el término belleza, un concepto bastante difícil o prácticamente imposible de definir porque puede ser una idea subjetiva, lo que para mí es bello; una melodía, un cuadro, un paisaje, etc., para otra persona puede causar el efecto contrario.

Puede ser que no exista un método para enseñar qué cosa es la belleza, pero se puede, en cambio, aprender a apreciarla educando la sensibilidad de nuestros sentidos, propiciando los momentos para que se pueda sentir ese gusto interior que te llena de una gran carga emotiva, un placer estético, algo que causa gusto, precisamente cuando se está admirando algo bello.

Por lo tanto se puede contribuir a estimular la sensibilidad hacia la apreciación de la belleza cuando se ejercita la mente y el cuerpo entero a captar los distintos aspectos del mundo (en el caso de la música: los sonidos) y las relaciones entre ellos.

La música es un lenguaje, un idioma universal que tiene como elemento esencial el sonido.

Escribe Carlo Delfrati, maestro de música y escritor italiano, que "la música es una de las formas fundamentales de la expresión humana, uno de los medios, junto con la palabra y los medios figurativos, a través de los cuales el hombre se comunica con los demás. Y siendo la música un arte, es por lo tanto una forma de expresión de la belleza como la poesía, la pintura, la arquitectura, etc."

Música, juego y educación

La música introducida por medio del juego puede colaborar en diferentes direcciones como apoyo didáctico. La podemos convertir en un medio divertido para llevar a los niños a conocer agradablemente los primeros elementos de la música, para acercarlos al ambiente musical exorcisando el sentido de exclusividad que aún hoy tiene para tantos y, uniendo la música al juego se puede convertir en un agradable material de apoyo para que el adulto enriquezca la comunicación con el niño.

No es una cosa nueva el hecho de utilizar la música para estimular positivamente diversos aspectos de la vida del ser humano, quizás en los últimos tiempos no se le ha dado toda la importancia que merece al menos en el campo de la educación; efectivamente ya para los griegos en la antigüedad, existía una filosofía pedagógica hacia la música, ellos decían: *la música educa*, y esto sucedía porque era un pueblo que demostraba gran interés y preocupación pedagógica, la educación y la vida política tenían igual importancia.

Tanto el juego como la música estimulan en forma natural muchas exigencias del ser humano, por ejemplo a nivel educativo, a nivel bio-lógico y a nivel social-recreativo, que además en cuanto a beneficios se multiplican al interior de cada uno de estos niveles.

Cuando un niño pequeño juega con cualquier tipo de objeto, en su interacción con este objeto está comunicando y proyectando sus sensaciones y pensamientos como también los resultados de todo lo que ha aprendido del mundo que lo rodea (inicialmente su núcleo familiar, luego los amiguitos, etc.).

Cuando el niño juega, afronta permanentemente cambios de si-tuaciones y esto lo prepara socialmente porque esos cambios llevan en su interior un problema por plantear y resolver, por lo tanto, deberá abordarlo y para ésto deberá analizarlo.

Pero además de estimular estos aspectos, el juego y específicamente varios de los aspectos del juego musical en sí, requieren en diferentes grados algún tipo de actividad muscular, fuerza, resistencia, velocidad; para las cuales se necesita la estimulación de los esquemas psico-mo-tores de base del movimiento (caminar, correr, trotar, saltar). Todo esto contribuye en buena medida al desarrollo de las habilidades dinámicas, a la maduración de los diversos tejidos y órganos y particularmente a las relaciones neuromusculares.

En cada momento de la vida se está educando al niño; las palabras, los gestos, las conversaciones, los movimientos de las personas y cosas van siendo interiorizados y procesados por el niño. Es por esto que cuando el niño recibe un cierto tipo de orientación en las relaciones interpersonales, vendrá reflejado en su comportamiento.

Aporte del juego y la música en el aprendizaje

El niño mientras juega está aprendiendo y el aprendizaje resulta más fácil porque el niño se involucra completamente y se compromete porque es algo que para él es importante. En este caso lo que aprende será más duradero y valioso porque lo ha obtenido a través de su propia experiencia e impulsado por un verdadero interés.

Se dijo antes que el juego es una actividad espontánea y la manera como el niño descubre el mundo que lo rodea. Sustenta esta afirmación el hecho de observar que cuando el niño juega involucra distintos tipos de lenguaje los amplía y los enriquece, por ejemplo; el lenguaje verbal, el lenguaje gestual, el lenguaje musical, el lenguaje gráfico simbólico, etc. En el representar distintos personajes; habla, canta, escucha, comprende, analiza y corrige si es el caso.

Al interior del lenguaje verbal, jugando, el niño maneja el vocabulario, lo enriquece, tiene la oportunidad de repetir palabras y en esa repetición reforzar su pronunciación y comprensión. Con los diálogos entre los diferentes personajes practica timbres de voz, cadencias y expresiones distintas con entonaciones distintas de voz.

En el lenguaje gestual y de expresión corporal, el niño proyecta con su cuerpo todo un sistema de comunicación a través de la expresión de sentimientos (rabia, duda, tristeza, alegría, etc.) que representa con el cuerpo y la cara. Este tipo de lenguaje es muy rico simbólicamente y aunque en el niño es muy natural y espontáneo, después de una cierta edad proyecta también los comportamientos, gestos, ademanes y situaciones de intercambio expresivo del ambiente en el cual vive.

El lenguaje musical es inherente a todos los demás tipos de lenguaje, el niño en el hablar pasa casi imperceptiblemente a jugar cantando con palabras o pequeñas frases, pero también mucho antes de esto realiza distintos juegos de voz con rumores, sonidos y palabras que con la continua repetición se convierten en elementos sistemáticos de sus juegos. Esto hace que el aspecto melódico se convierta en un aspecto inherente al lenguaje.

La gran influencia de la parte auditiva en el lenguaje musical y en el lenguaje en sentido general, se observa particularmente cuando el niño discrimina, corrige, repite y perfecciona rumores o sonidos de distintas alturas e intensidades, que los personajes de sus juegos pronuncian.

También cuando se orienta y busca con base en el sonido, la persona o cosa que lo está produciendo y, en consecuencia cuando comienza a adjudicar un timbre en relación a una persona u objeto.

Además con los niños se puede introducir de manera muy sencilla y agradable el mundo del sonido, precisamente con el descubrimiento consciente de la realidad sonora que circunda al niño, como primer paso, de esta manera el trabajo con el sonido será percibido como parte del ambiente en el cual vive.

Un segundo paso, además de la percepción consciente, es el análisis de los sonidos, de su composición, de su origen y, cerrando este proceso está la producción del sonido que se conecta siempre con el lenguaje.

Al interior del lenguaje musical, el aspecto rítmico involucra al niño globalmente debido a que el ritmo es también un aspecto del movimiento. Todo en la naturaleza es ritmo y en nuestro cuerpo también con la respiración, el corazón y el todo biológico determinan para cada persona movimientos ordenados dentro de un propio e individual ritmo.

Por esto es necesario respetar en cada persona los tiempos naturales que necesita para elaborar cada situación y superar cada etapa de la vida. Y concretamente los juegos melódicos y rítmicos que el niño inventa o repite acompañando canciones o estrofas de versos y dichos, juegan un papel muy importante en el proceso de adquisición del lenguaje verbal.

Cada uno de los aspectos antes señalados se encierran y se proyectan hacia el exterior en cada uno de los comportamientos del niño y se convierten en sus instrumentos para comunicar.

El tipo de comunicación que los niños establecen hacia el exterior se puede observar en muchos casos cuando juega por ejemplo a interpretar distintos roles, está representando simbólicamente tanto el ambiente que lo circunda como las interacciones con sus sensaciones y experiencias.

Otro medio, que existe para este tipo de comunicación es cuando gráficamente transmite y comunica con dibujos y garabatos muchas de sus vivencias y sentimientos. Para un análisis profesional se tiene en cuenta el momento en el cual realiza el dibujo, las palabras, gestos, etc. que acompañan ese momento, los colores que escoge, la intensidad, etc.

En fin, todos los aspectos que tienen que ver con el lenguaje, estimulados con juegos musicales sencillos, le pueden ofrecer al niño un modo divertido y relajado para hacer placentera la comunicación, las relaciones interpersonales y en proyección para mejorar la comprensión y adaptación a las diferentes situaciones de la vida.

La musicoterapia

La musicoterapia ha sido utilizada desde la antigüedad como medio para mejorar situaciones problemáticas de salud, por ejemplo: Los hombres primitivos la utilizaban uniendo palabras y sonidos cantados en modo particular durante los ritos de sanación.

En distintos modos se fue utilizando en las diferentes culturas a través de los siglos como un elemento de apoyo para curar enfermedades o como calmante en situaciones de problemas emotivos o psicológicos.

A partir del año 1950 se comienza a utilizar el término musicoterapia en EE.UU. con la fundación de la primera Asociación Nacional para la Terapia Musical.

Desde entonces hasta nuestros días los estudios e investigaciones sobre los efectos de la musicoterapia en el hombre se han multiplicado y son muchas las aplicaciones en el campo clínico, patológico, psicológico y educativo.

La musicoterapia se ocupa de la estimulación global de la persona utilizando todos los elementos sonoros-musicales para mantener y mejorar todas las capacidades del individuo: comunicativas, motoras, intelectuales y de relación.

La musicoterapia preventiva

"Hacia la prevención de los problemas durante el crecimiento"

La música como lenguaje universal llega a todos, niños y adultos en modo agradable y natural. Aclaremos que la palabra "terapia" en el campo educativo se debe entender no como una rehabilitación sino como la estimulación para "habilitar" al niño a comunicar y expresarse con todos los medios posibles permitiéndole en primer lugar conocerse a sí mismo, conocer sus posibilidades, sus capacidades y sus sensaciones.

Cuando se estimula con la musicoterapia estamos ya haciendo prevención porque estamos dando al niño la posibilidad de desarrollar sus repertorios básicos de aprendizaje (atención, memoria, concentración, etc.) y ofreciéndole varios caminos para la socialización.

El adulto en el juego del niño

Existe desde siempre en padres y maestros la preocupación por inculcar en los niños ciertos valores y despertar paralelamente el interés por el estudio. Cada uno prueba de una manera y de otra, seguramente algunos lo logran, otros no se sienten tan seguros de haberlo logrado.

Hay una manera que da excelentes resultados y es más sencilla de cuanto se pueda imaginar, sencilla y económica. En realidad para muchos problemas, la solución es tan sencilla que nos pasa por delante de nuestros ojos y no la vemos.

En este caso la herramienta se llama "juego y música" que teniendo juntos la característica central de divertir, encierra en sí, una gran carga educativa y afectiva que se convierte en un canal de comunicación entre los participantes al juego, en este caso específico entre adulto y niño. Dando así el ambiente perfecto para una comunicación entre amigos.

El niño a través del juego aprende las reglas de la socialización, interioriza las actitudes de integración, de apertura, de crítica, las capacidades de diálogo, de responsabilidad, de justicia, de participación, de convivencia, de autovaloración, de colaboración, de creatividad, de respeto y de proyección al futuro.

Seguramente la estimulación de estos aspectos a través del juego y la música permitirá al niño interiorizar las normas que exigen una convivencia social y recibirá el concepto de disciplina, como tantos otros, sin tanto conflicto.

El adulto, al interior de los juegos que desarrolla con el niño puede ayudarlo en muchos aspectos sin tener que ponerse en un rol directivo, sin tener que repetir al infinito discursos moralistas y disciplinarios.

Puede seguramente introducir, según el tema y la mecánica del juego muchos de los aspectos de los cuales hemos hablado antes, no en manera autoritaria sino al contrario; creando una situación de igualdad que el juego permite crear. Estas situaciones son para el niño mágicas porque le parece imposible estar de "tú a tú" con ese ser omnipotente que para él es el adulto.

El juego en este ambiente de igualdad contribuirá a desarrollar en el niño una imagen positiva del adulto que tiene de frente, una imagen positiva de sí mismo.

Podrá introyectar que para una constante evolución personal se puede partir de una sana competencia consigo mismo y que aún cuando la competencia será con los demás, habrá aprendido que se puede ganar o perder pero que lo importante es prepararse siempre y ser cada vez mejor confrontándose consigo mismo.

Utilidad de los juegos aquí presentados

Todos los juegos de este libro buscan estimular en particular la atención y la concentración. En proyección estimulan otras áreas del desarrollo, importantes igualmente para mejorar los repertorios básicos de aprendizaje.

También, y muy particularmente, el conjunto de estos juegos con el solo hecho de llevarlos a cabo en compañía, padres e hijos, pueden convertirse en un instrumento muy rico para establecer, mejorar o enriquecer una profunda comunicación de ambas partes.

Adultos y niños encuentran en la misma medida un gran gusto en realizar juntos estos juegos, ha sido el resultado unánime con las personas con las cuales se aplicó este material. Y aparte el gusto, como lo decía el niño después de haber hecho estos juegos con su padre, "ahora somos de verdad amigos".

Características de cada "juego con sabor a música"

Para entrar en el mundo musical se pueden recorrer varios caminos todos igualmente importantes: encontramos el ritmo, el sonido, la expresión corporal, la melodía, la apreciación musical, la armonía.

Estas son las características generales en cuanto a música, que contienen los juegos aquí presentados. Ahora veamos las características particulares de cada juego.

Juego No. 1. *(Página 37)*
Adivina adivinador

Se quiere centrar la atención del niño en la audición de sonidos familiares que debe identificar y tratar de decir cómo han sido producidos. En esta experiencia se introduce al niño en la participación atenta de los sonidos del medio.

Juego No. 2. *(Página 39)*
La voz de la naturaleza

Una vez que ha identificado auditivamente varios sonidos, ahora los identificará y escuchará en su mente, por medio de la observación de varios dibujos y, finalmente, tratará de reproducirlos.

Así, aparte de la participación, comenzará la vivencia consciente de los sonidos del medio.

Juego No. 3 y 4 . *(Página 43-44)*
Suena así

Escuchar con los ojos
En este grupo de juegos, el niño debe comenzar a observar y analizar sonidos según sus propias vivencias y debe además crear palabras, seguramente monosílabos para dar sonido al dibujo que se le presenta.

El niño trabaja también la psicomotricidad fina y además inventa y escribe los diálogos de los personajes.

Juego No. 5. (Página 45)
El chillido de la bomba

En este juego, el niño imita sonidos no muy comunes y discrimina los diferentes timbres. Más adelante si quiere, puede organizar diálogos tratando de mantener el timbre que produce su bomba.

Juego No. 6. (Página 47)
El director de t.v.

Se alimenta la fantasía dándole rienda suelta a la creatividad con este juego. Estimula ampliamente la atención, permitiendo que la mente del niño cree toda una secuencia de situaciones con sentido completo, inspirado en un motivo musical particular.

Juegos No. 7 y 8. (Página 49-51)
Lápiz bailarín

Coloreando la música

En estos juegos se lleva al niño a la audición musical pero en forma de participación completa. Siendo pequeño es difícil una audición pasiva, es decir que no lo involucre globalmente (su cuerpo entero).

En cambio aquí el niño aprecia la música al interior de situaciones que ayudarán a aumentar su interés hacia distintas melodías por una razón muy sencilla; les encuentra un sentido y una razón dentro de él mismo.

Juegos No. 9, 10, 11, 12 y 13.   (Página 51-53-55-56-57-59)
La voz de los instrumentos musicales

Háblame y te diré quién eres.
Disfrazando la voz
¿La voz de un instrumento?

Los juegos 9 al 13 invitan con el reconocimiento de sonidos, inicialmente a prestar mucha atención a sonidos tanto de instrumentos musicales como de diferentes voces, discriminándolos auditivamente. Luego se invita al niño a participar jugando con la propia voz, reproduciendo sonidos que acompañan una canción.

Juegos No. 14 y 15.   (Página 60-61)
El inventor de instrumentos

El hombre orquesta
En estos juegos el niño inventa, toca y acompaña con instrumentos musicales rudimentarios. Además en el 15 sin necesidad de darle una indicación directa de bailar lo hace, porque los instrumentos se los tiene que colocar en diferentes partes del cuerpo y para hacerlos sonar debe moverse en una cierta manera y a un cierto ritmo.

Juego No. 16.   (Página 63)
A las "escondidas" con un sonido

Aquí se le permite al niño concentrarse en una simpática actividad de memoria auditiva. Debe sentir interiormente un sonido que se le ha dado, guardarlo y tratar de no perderlo porque después de escuchar diferentes interferencias deberá reproducirlo.

Juego No. 17. *(Página 64)*
Bautizando los dibujos

A partir de este juego comienza una secuencia muy interesante que obliga al niño a crear-analizando, varios aspectos. Primero se le presentan dibujos concretos a los cuales debe dar un nombre, luego dibujos abstractos en los cuales inventará palabras para denominar cada uno de estos cuadros.

Juego No. 18. *(Página 66)*
Dibujar para entender

Este juego es prácticamente el contrario del anterior, conduce al niño a la creatividad pero a través de la realización de varios dibujos. Se le presenta un cuadro vacío pero ya bautizado, con una palabra sin sentido, el sentido lo buscará el niño inconscientemente cuando con el dibujo tratará de buscar una relación gráfica-lingüística.

Juego No. 19. *(Página 68)*
El idioma del planeta fantasía

Continuamos con el juego vocal que exige, sin que el niño se de cuenta, un análisis del lenguaje y de las posibilidades del sonido muy interesante. Este juego invita al niño directamente a cambiar los nombres de objetos y situaciones cotidianas e inventarle otros.

Juego No. 20. *(Página 69)*
Adivina cómo habla

Trabaja todavía con las posibilidades del sonido este juego, pero se le da ahora la posibilidad de reproducir distintos sonidos, después de haber escuchado o recordado muy bien los sonidos originales. No será una reproducción distraída o momentánea porque visto que los debe escribir tendrá que pronunciarlos varias veces hasta estar seguro de haberlos escrito claramente.

Juego No. 21. *(Página 70)*

¿Sabes cómo suena?

El juego No. 21 es exactamente como el anterior solo que los sonidos que debe buscar, reproducir y escribir son los sonidos característicos de algunos instrumentos musicales.

Juego No. 22. *(Página 71)*

Los movimientos del sonido

Analizar las palabras, las frases, el sentido de las frases, jugando con el sonido es acercar al niño, de una manera divertida al análisis del propio idioma. Este juego lo introduce a este análisis invitándolo a dibujar y repetir de distintas maneras los movimientos del sonido; los movimientos que hace la voz mientras se habla normalmente.

Juego No. 23. *(Página 73)*

El robot hablador

Sirve como refuerzo al juego anterior. Completa el análisis que hacía el niño y le permite comparar con las dos maneras de hablar, la característica de altura del sonido. Mientras en el anterior los sonidos subían o bajaban, en este juego la altura del sonido permanece constante, se repite siempre el mismo sonido.

Juego No. 24 y 25. *(Página 74-78)*

Volando con la imaginación

Ojo que el sonido se mueve

Enseñar a apreciar la música, en particular la música clásica puede ser un objetivo difícil de lograr en edad infantil. Es necesario hacer que el niño participe de forma global, con cuerpo y mente y especialmente que se divierta haciéndolo.

Una manera para iniciarlo a la apreciación musical es la interpretación gráfica de lo que escucha, ésto lo vemos en los juegos No. 24 y 25. Se sugieren ciertas maneras para representar con ciertos símbolos la música. Se sugieren varios, de manera que, debe escuchar con atención para escoger el que más se adecúe al tipo de música que escucha.

El juego No. 25 incluye además la representación gráfica de otro aspecto de la apreciación musical, es decir la diferencia de altura del sonido unida a la interpretación instrumental en la duración del sonido.

Juego No. 26. *(Página 79)*

Paseando con la música

Concentrándose todavía en los sonidos, en este juego se le propone una serie de sonidos distintos que el niño escucha, relaciona mentalmente y con ayuda de su fantasía une formando un cuento.

Es justo recordar que la fantasía se proyecta y se alimenta no solo según la maduración psicológica o cultural de cada individuo sino que va correlacionada a todos los acontecimientos sociales, culturales y ambientales del mundo que lo rodea.

Juego No. 27. (Página 80)
Inventor de cuentos

Se trabaja con la misma mecánica la fantasía en este juego, pero a diferencia del anterior el niño transmitirá aquí sus ideas a través del dibujo. Dará sentido completo a una historia, una narración con una serie de dibujos.

Juego No. 28. (Página 82)
Dígamelo con música

En los dos juegos anteriores se ha preparado el niño para analizar sus sentimientos en relación a un sonido o serie de sonidos escuchados. En el juego No. 28 se le pregunta directamente la sensación que se produce en él al escuchar ciertos sonidos.

Es natural que aparte la atención que el niño debe prestar en el asignar el tipo de emoción que le produce el sonido escuchado, éste ejercicio estimula el autoanálisis, aspecto al cual no se le da toda la importancia que amerita en el proceso educativo.

Juego No. 29. (Página 84)
El super director de televisión

Otra forma de participar con gusto en la audición de varias melodías o fragmentos de melodías, es el caso del juego No. 29. El super director de televisión tiene cinco programas donde para cada uno de los cuales debe escoger la música que mejor se adapte.

Juego No. 30.   *(Página 85)*
Cuando habla el tambor

Se retoma el tema del juego No. 28 en el No. 30 con la diferencia que aquí los sonidos que escucha son de instrumentos musicales.

Juego No. 31.   *(Página 86)*
Ojo al volumen del radio

La audición participada puede hacerse también como se muestra en este juego. Se debe hacer con una canción que se ha repetido varias veces y por lo tanto se conoce bien, en fin debe ser una canción conocida. Mientras se escucha de la grabadora se va cantando al tiempo y alguien que se ha escogido con anterioridad baja el volumen, los demás deben continuar cantando mentalmente, después subiendo el volumen se verá quién iba al tiempo justo de la música y quién no.

Juego No. 32.   *(Página 37)*
Las "escondidas" con dos sonidos

Musicalmente en este juego se estimula la memoria auditiva que se une obviamente al sentido rítmico; éstos aspectos junto con la concentración son los aspectos del juego No. 31 y 32. Este último obliga al niño a concentrarse en dos sonidos solamente y a reproducirlos después de haber escuchado otra serie de sonidos distintos.

Juego No. 33.   *(Página 88)*
El publicista

Se encierran aquí una serie de actividades que a los niños gusta mucho y que les tomará un poco de tiempo. Se pone en juego la creatividad en distintos niveles; musicalmente, el niño relaciona con el nombre escogido para la gaseosa, sonidos y tonos utilizando relaciones onomatopéyicas.

Organizando toda la propaganda el niño evoca y relaciona toda la información que al respecto tenga. Escogerá entre todas las propagandas y publicidades vistas y escuchadas, tratará de inventar, posiblemente copiará pero no importa porque en este caso lo importante es todo el proceso creativo que realiza en la búsqueda de una idea y la organización del mensaje.

Juego No. 34. *(Página 90)*
Un poquito más duro

Representar gráficamente la intensidad del sonido después de haberla discriminado auditivamente es el objetivo del juego No. 34. Se hace una serie de dictados donde se intercalarán sonidos fuertes y sonidos suaves, al inicio se hace con sonidos iguales, más adelante con varios sonidos.

Juego No. 35. *(Página 91)*
El espejo

A partir del juego No. 35 inicia una serie de juegos que tienen que ver con el conocimiento consciente del cuerpo, el conocimiento de sus posibilidades y limitaciones, todo esto encerrado en actividades de expresión corporal y gestual.

El juego del espejo, que el niño puede hacer solo, le permite divertirse descubriendo todas las posibilidades de movimiento de la cara, gestos a los cuales automáticamente asignará un comportamiento, una emoción y en consecuencia una identificación.

Juego No. 36. (Página 92)

El escultor fantasma

En este juego el niño explora las posibilidades de movimiento del cuerpo en general. Mejor aún si se realiza en pareja porque el contacto físico en este juego ayuda al relajamiento y refuerza la relación entre las personas que intervienen en el juego.

Juego No. 37. (Página 94)

El teatro de las marionetas

De la misma manera el juego No. 37 continúa el trabajo de relación y entendimiento entre las personas que juegan, se debe llegar a una coordinación a través del lenguaje corpóreo para realizar el juego.

Este juego como todos los de esta sección ayudan a mejorar la coordinación motriz tanto gruesa como fina, llevando al niño en forma divertida a explorarse dentro y fuera en el sentido de las potencialidades y posibilidades que tiene tanto creativas como expresivas.

No porque no las posea, sólo que si no se conocen es como si no se tuvieran, por lo tanto se brinda la oportunidad de hacer esta exploración de sí mismos para aprender sucesivamente a estimularlas y desarrollarlas.

Juego No. 38. (Página 98)

El robot rumbero

Este juego invita igualmente al niño de manera divertida a moverse en modo no muy normal. Aquí debe observar cada parte de su cuerpo, buscar y perfeccionar los movimientos característicos del robot hasta coordinarlos al ritmo de una danza.

Juego No. 39.   *(Página 99)*

¿Qué cambió?

En el inicio del juego No. 39 se pide simplemente mucha atención para decir qué cosa se cambió de lugar o se quitó en el cuarto. Esto se hace como introducción a una actividad netamente musical, de discriminación auditiva.

El juego concretamente musical consiste en escuchar una serie de sonidos que será llamada "melodía original", luego la melodía se repite pero haciéndole una pequeña variación. El niño marcará una "X" en el número correspondiente al sonido, que crea ha sido cambiado.

Efectivamente deberá estar muy atento a contar el número de sonidos de los cuales se compone la melodía y seguir la melodía muy atentamente para identificar exactamente el sonido o sonidos que han sido cambiados.

Juego No. 40.   *(Página 101)*

Acompañando la música

Aquí se sugiere al niño algunas maneras de acompañar música con instrumentos sencillos y le da la ocasión de inventar siendo recursivo, utilizando los medios a disposición.

Juego No. 41. (Página 103)

A descansar y relajarse

Pasamos con el juego No. 41 a algunas actividades de relajación pero que mantienen despierta la atención del niño.

En esta actividad concretamente, el niño se acuesta, elige una posición cómoda y mientras escucha la música se va concentrando en cada parte del cuerpo haciendo que esta se relaje.

En esta actividad los niños encuentran el gusto por actividades tranquilas y descubren una posibilidad de relajarse. Para los niños hiperactivos es muy útil este tipo de relajación, se utiliza al final de cada sesión de trabajo terapéutico.

Juego No. 42. (Página 105)

La hoja que baila

Esta actividad tiene como objetivo llevar al niño a moverse, a danzar un tipo de música que seguramente sin la ayuda de este objeto intermediario (hoja de periódico), no bailaría.

En efecto se utiliza la hoja de periódico como excusa, al niño se le pide hacer bailar esta hoja, pero en el hecho de moverla, es él quien se mueve, es su cuerpo el que sube, baja, salta, gira, etc., al ritmo de la música.

De todas maneras visto que el niño entabla una relación con este objeto para tratar de hacerlo mover al ritmo, se pueden ver también algunas situaciones emotivas del niño en la manera como enfoca esta relación, al final de cuentas esta hoja de periódico se convierte por un poco de tiempo en su pareja de baile.

Juego No. 43. *(Página 106)*
Músculos relajados

En este juego el niño vivirá en su cuerpo, con sus músculos, las sensaciones de tensión y distensión. En el hecho de tener que enviar en forma ordenada la orden a cada parte del cuerpo, logrará tomar conciencia de las partes de su cuerpo.

Juego No. 44. *(Página 107)*
Manos adivinas

Este juego se realiza en pareja y permite estimular el sentido del tacto y, por qué no decirlo así: el sentido del contacto. El contacto físico para todas las personas, niños o adultos que sean, es muy importante. En los niños es muy natural pero a medida que van creciendo, la educación se encarga de hacer del contacto físico un tabú.

Es importante que el niño haga este tipo de juegos con niños y adultos ayudan a acercar las personas, a facilitar el diálogo en general y a reforzar los lazos de afecto y dan seguridad en el proceso de socialización.

Juego No. 45. *(Página 109)*
El mimo

La parte de expresión corporal se puede encerrar en juegos como este, en el cual el niño debe hacerse entender solo con gestos y movimientos pero sin utilizar la voz.

Aparte el hecho de obligarse a mejorar la expresividad, este juego ayuda al niño a la socialización. El problema que tantos niños presentan de sufrir el hecho de hablar en público, si se les da la oportunidad de hacerlo de manera relajada como en este juego, le ayuda al niño a superar este miedo.

Juego No. 46. (Página 110)
El libro de mis sonidos preferidos

Se quiere estimular el hecho que la audición consciente de las cosas que rodean al niño se prolongue más allá del momento inmediato en el cual realizarán estos juegos. Es un tipo de "tarea" permanente pero organizada de modo que para el niño resulte simpático poner atención a los sonidos que lo rodean.

Además en proyección se muestra al niño la facilidad de organizar un "libro" propio de un tema que guste particularmente.

Si esta sugerencia es seguida como se indica y si un adulto cercano al niño colabora, con el solo hecho de pedirle de vez en cuando de dejarle ver el libro, será suficiente estímulo para que el niño se motive a continuar recogiendo su material. Es además un estímulo muy grande para la disciplina, el orden y en general en los hábitos de estudio.

Juego No. 47. (Página 112)
Cámbieme la música

El juego No. 47 ayuda al niño a iniciar algunos análisis lingüísticos que deberá enfrentar más adelante. Jugando con los sonidos llegará a ciertas conclusiones que le facilitarán en el futuro la comprensión de temas relacionados.

Juego No. 48.   (Página 114)
El cantante de ópera

Como en el ejercicio anterior, en este se da al niño la ocasión de jugar con los sonidos. El hecho de mirarse al espejo le da un elemento de más para que las conclusiones de la pronunciación, intensidad y forma de las vocales le ayuden a entender que éstos aspectos dependan también de la forma que asume la boca en la emisión de cada sonido.

Juego No. 49 .   (Página 116)
Declamar en serio y en broma

Continuando con el análisis de la entonación de la voz, en el juego No. 49, se deja a los niños jugar con las poesías. El hecho de poder declamar en distintas formas "chistosas" algo serio, le dará al niño varias ventajas, entre otras; practicar distintas entonaciones e interpretaciones sobre un mismo texto, tomar seguridad en sí mismo cuando tiene que comunicar con los demás.

Esta última afirmación ha sido verificada con el comportamiento de varios niños con los cuales se aplicó este juego. El hecho de poder hacer algo que originalmente debería ser serio, en broma: le permite al niño verse en broma él mismo, de reír de sí mismo, de ver ridículo algo hecho por él.

Esto ayuda mucho a la organización de la personalidad, en particular que los niños se acostumbren a aceptar con naturalidad el ser tomados en broma de frente a un grupo sin que esto afecte su comportamiento general ni el rendimiento escolar.

Juego No. 50. *(Página 118)*

El escritor chiflado

El niño puede continuar jugando con las palabras en el juego No. 50, en esta ocasión simplemente modificando en la poesía una vocal, el niño podrá concentrarse mejor en el movimiento de las frases. Le ayudará además a ejercitarse en la pronunciación en general.

Juego No. 51. *(Página 119)*

Inventando trabalenguas

Armar y desarmar juguetes es una actividad que el niño hace desde que inicia a manipular los objetos que tiene a su alcance.

Con el lenguaje se puede hacer lo mismo permitiendo al niño ver desde distintos ángulos un tema, en este caso le permitimos que desbarate una poesía, la divida en sílabas y coloque entre una y otra sílaba, una nueva sílaba que se repetirá en la misma forma hasta el final, formando un trabalenguas.

Juego No. 1

¡Adivina adivinador!

Primera parte

Escucha el cassette, trata de adivinar qué sonidos se escuchan y escríbelos al frente de cada número. Coloca la pausa en la grabadora después de oír cada sonido para que tengas tiempo de escribir con calma.

Sonido No. 1
Sonido No. 2
Sonido No. 3
Sonido No. 4

Segunda parte

En el cassette escucharás dos grupos de sonidos, escribe al frente de cada número el sonido que escuchaste y cómo crees que ha sido producido.

Sonido	Cómo ha sido producido
1.	
2.	
3.	
4.	

Tercera parte

Ahora debes abrir muy bien tus oídos porque los sonidos que escucharás son producidos sólo con el cuerpo, debes escribir con qué parte del cuerpo es producido y describir cada sonido.

Parte del cuerpo	Cómo ha sido producido
1.	
2.	
3.	
4.	

Ahora trata de producir los sonidos que escuchaste e intenta otros. Puedes proponer esta adivinanza a quien quieras: escondiéndote detrás de una puerta haces un sonido y los demás deben tratar de adivinar.

Juego No. 2

La voz de la naturaleza

Los sonidos son la voz de la naturaleza, del hombre y de las cosas que ha construido el hombre. Observa con atención los siguientes cuadros.

Con la voz trata de hacer el sonido que producirá lo que está dibujado en cada cuadro.

Invita a tu mami, papá, etc. y trata de hacer los sonidos juntos.

Ahora cierra los ojos y piensa en los sonidos que escuchas desde que te levantas hasta la noche cuando vas de nuevo a dormir.

¿Son muchos verdad? Ahora escoge los que más te gustan, trata de reproducirlos con la voz. Haz en los siguientes cuadros el dibujo de los dos sonidos que sabes reproducir mejor.

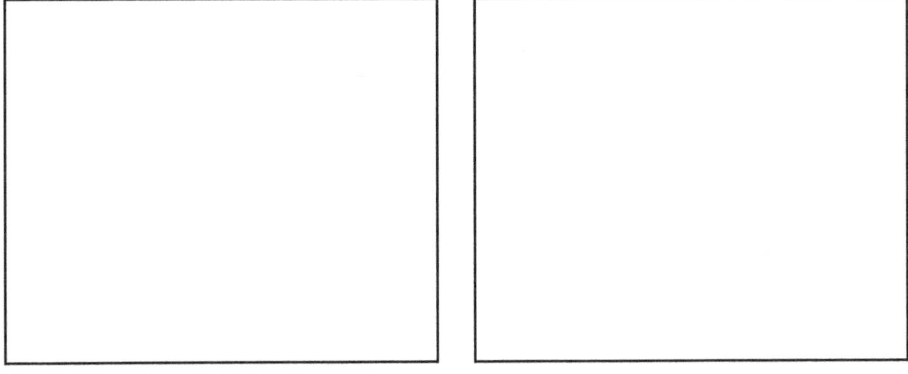

*   Realmente lo que dibujas no son los sonidos sino el punto donde se originan, a esto se le llama *fuente sonora*, es decir el lugar donde nace el sonido.

Juego No. 3

Suena así...

En estos dibujos animados se olvidó colocar el sonido de algunas cosas, escríbelos tú.

Sugerencia: Puedes, escuchar primero el sonido original, trata de imitarlo, así estarás más seguro de cómo escribirlo.

Juego No. 4

Escuchar con los ojos

En los siguientes dibujos no están escritos ni los diálogos ni los sonidos de las cosas. Aprovecha y prueba a inventar, escribe tú las cosas que diría cada personaje y los sonidos de las cosas.

Juego No. 5

El chillido de la bomba

Este juego lo puedes proponer en una fiesta de cumpleaños. En este momento lo puedes hacer también con varias personas, cada uno debe tener al menos una bomba y mejor aún si son de distintos tamaños. Se infla la bomba, no se amarra y luego se lanza por el aire para escuchar qué ruido hace.

Se escucha con mucha atención para deducir si se parecen los sonidos de una bomba con otra.

Comenta con los demás en qué cambia el sonido y por qué será diferente.

Después cada uno con un esfero o marcador dibuja una cara que vaya de acuerdo con el ruido que hace su bomba.

Si queremos, con los personajes que han resultado con cada bomba nos podemos inventar un cuentico. Cuando interviene un personaje se habla tratando de imitar con la voz el ruido que producía la bomba.

Juego No. 6

El director de t.v.

Están preparando una película para presentar después en televisión. En el cassette escucharás el fondo musical de la película. Aunque no has visto ninguna escena, según la música que oyes, trata de inventarte unas escenas de la película como si tú fueras el que dirige y dibújalas en los siguientes cuadros.

Escucha el cassette.

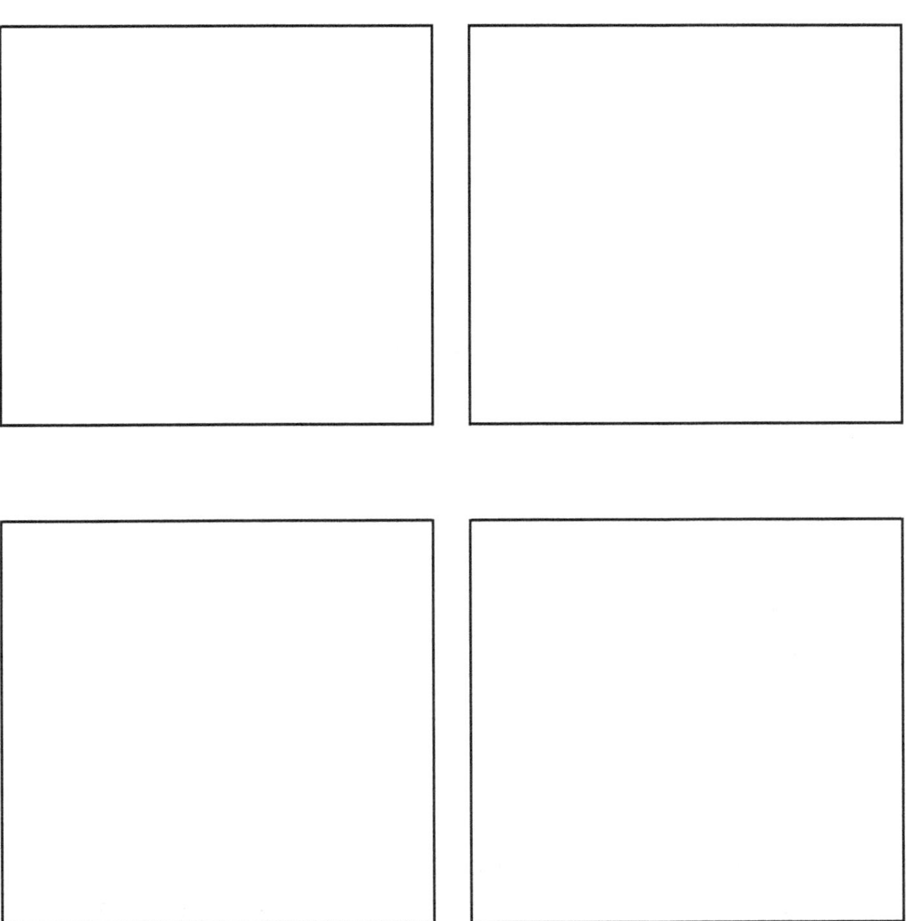

Juego No. 7

El lápiz bailarín

Escucharás una melodía en el cassette y mientras la escuchas mueves el lápiz en el aire al ritmo de la música como si estuvieras dirigiendo los músicos que tocan o como si dibujaras en el aire al son de la música.

Escucha el cassette. 

Ahora el lápiz no lo haces mover en el aire, lo coges bien para escribir y en el siguiente cuadro lo vas moviendo al ritmo de la música mientras escuchas de nuevo la misma melodía. Digamos que ponemos nuestro lápiz bailarín sobre la pista de baile. Devuelve el cassette y escucha de nuevo la misma melodía.

Pista de baile

Escoge ahora una canción que te guste, de cualquier tipo de música, puede ser también un merengue, una salsa, lo que quieras y juega con tu mamá, papá, o con quien quieras, enseñándole el juego del lápiz bailarín.

Juego No. 8

Coloreando la música

Primera parte: Para este juego puede utilizar unos colores. Escoge dos o tres de tus colores preferidos y mientras escuchas la melodía que corresponde a este juego coge uno de los colores y muévelo en el aire al ritmo de la música como en el juego anterior. Puedes cambiar de color cada vez que la música te lo inspire.

Escucha el cassette y pon a bailar los colores. 

Segunda parte: Harás lo mismo pero sobre el siguiente espacio o mejor, pones a bailar los colores en la siguiente pista de baile. Devuelve el cassette y escucha de nuevo la melodía... del juego No. 8.

Pista de baile

Juego No. 9

La voz de los instrumentos musicales

¿Sabes?, existen muchos instrumentos musicales y cada uno tiene un sonido muy particular, como la voz de las personas, cada uno tiene un sonido o mejor un *timbre* de voz que es distinto a todos los demás, más adelante jugamos con la voz de las personas. Ahora veamos si recuerdas el sonido de algunos instrumentos musicales.

Escucha el cassette y escribe debajo de cada cuadro el sonido que corresponde.

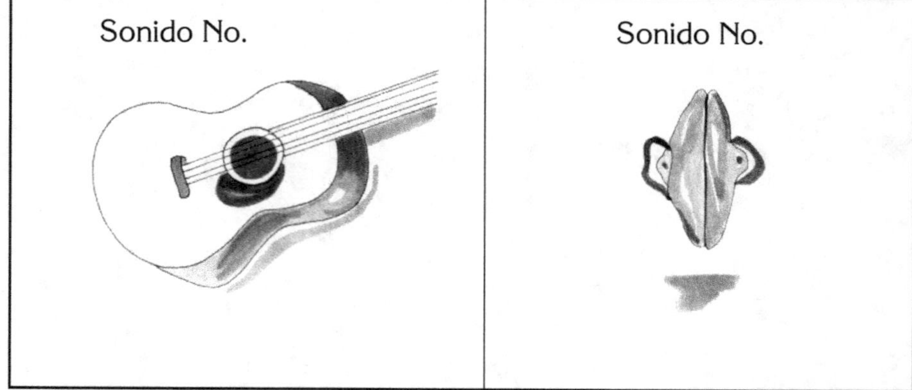

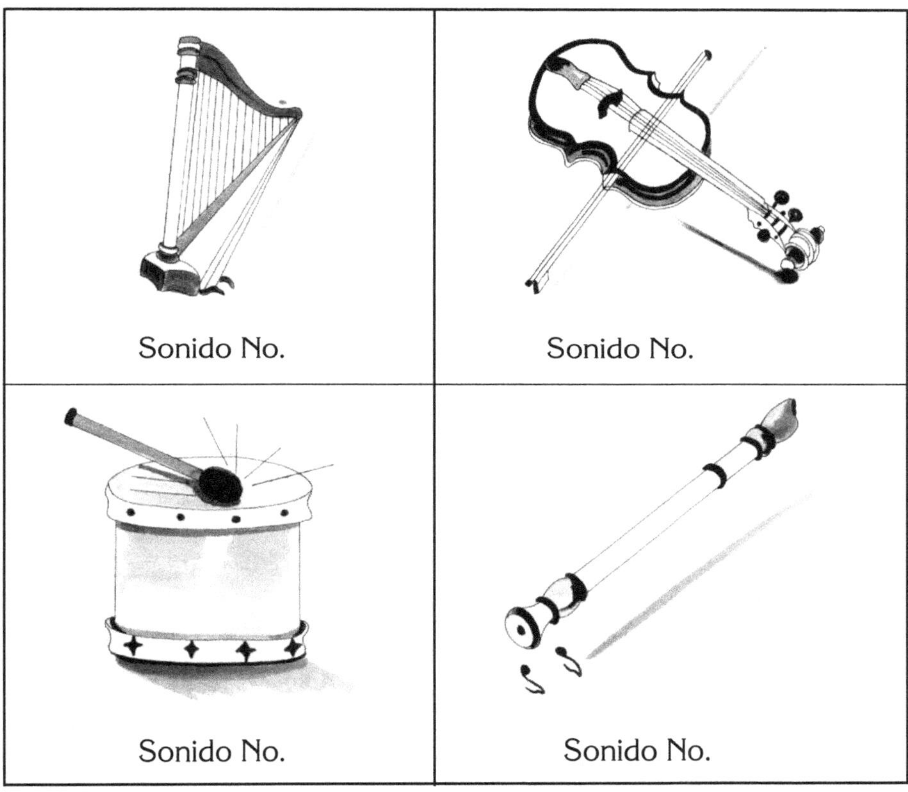

<table>
<tr><td>Sonido No.</td><td>Sonido No.</td></tr>
<tr><td>Sonido No.</td><td>Sonido No.</td></tr>
</table>

Juego No. 10

Háblame y te diré quién eres

 Vamos a tratar de reconocer por el sonido de la voz, es decir por su *timbre*, quién está hablando.

Este juego lo puedes hacer en el colegio o en la casa así: una persona pasa adelante, da la espalda a los demás y cierra los ojos. Luego tendrá que adivinar la voz de quien habla. El grupo se da una señal para que a turno cada uno diga algo y después pregunte: ¿dime quién soy?

Juego No. 11

Disfrazando la voz

Como en el juego anterior se trata de adivinar el timbre de voz de cada persona, entre los compañeros del curso, en la familia o con los amigos, pero ahora lo hacemos un poquito más difícil. Cuando cada uno debe hablar tratará de disfrazar un poquito la voz como quiera, por ejemplo tapándose la nariz, tapando un poco la boca, etc.

Juego No. 12

¿La voz es un instrumento?

¿Sabes que también nuestro cuerpo y nuestra voz se pueden convertir en instrumentos musicales?

En el cassette hemos grabado varios rumores producidos con el cuerpo que corresponden a los cuadros siguientes. Escúchalos con atención y escribe el número del sonido que corresponde a cada cuadro.

Cassette.

Sonido No.

Sonido No.

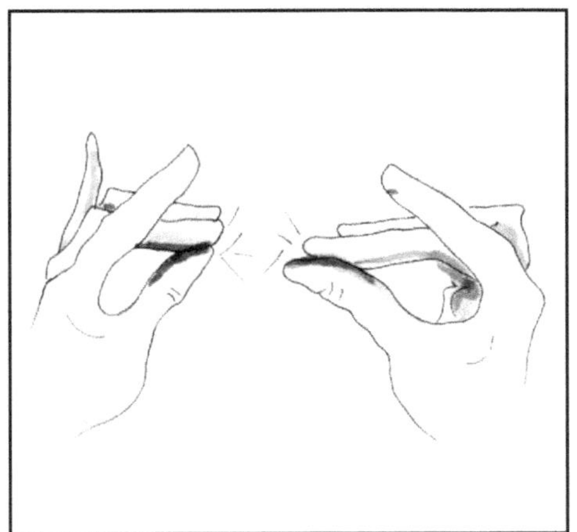

Sonido No.

Sonido No.

Sonido No.

Sonido No.

Juego No. 13

¡Un novedoso acompañamiento!

Escoge del juego anterior los rumores que más te han gustado, repítelos al ritmo que quieras pero poniendo un fondo musical, puede ser cualquier canción que te guste o la que más te haya gustado de nuestro casette. Acompaña toda la canción siguiendo el ritmo siempre con los rumores que escogiste.

Inventa otras maneras de acompañar la canción, acuérdate que todo nuestro cuerpo se puede utilizar como instrumento musical; juega con otras personas, será muy divertido ver y repetir cada idea.

Juego No. 14

El inventor de instrumentos

Atención a las instrucciones: das una vuelta de inspección por la casa, observando detenidamente todo, tienes que inventar con las cosas que se encuentran en la casa (sin romper ni dañar nada) al menos tres instrumentos que sirvan para acompañar música y que tengan sonidos distintos entre sí. Te doy un ejemplo:

Cuando estén listos los instrumentos puedes poner cualquier música de fondo y acompañar como quieras, es muy divertido también si lo haces con otras personas formando una pequeña orquesta.

Juego No. 15

El hombre orquesta

Podemos construir algunos instrumentos que se pueden hacer sonar sin las manos, poniéndolos en distintas partes del cuerpo. Por ejemplo:

Sonajeros: En un hilo grueso, cinta o cabuya se pueden meter: latas de gaseosa aplanadas, botones, pasta o semillas a las cuales se les hace un hueco; luego se pueden amarrar a los tobillos o al pulso.

Platillos: Se cogen dos tapas de cocina y se amarran a la altura de las rodillas dejando la parte grande de las tapas mirando hacia adentro de la pierna, como lo muestra el dibujo.

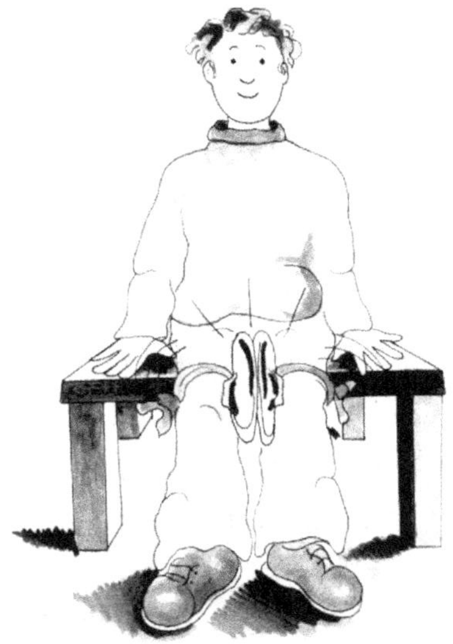

Trata de inventar en compañía de algunas personas otros instrumentos.

Juego No. 16

A "las escondidas", con un sonido

Cuando jugamos a las escondidas buscamos un buen escondite, cuando queremos esconder algo: un juguete, un regalo, etc., buscamos también un buen escondite. En este juego lo que vamos a esconder es un sonido, veamos si también en este juego tienes muy bien escondido "un sonido" y cuando te lo piden lo encuentras fácilmente dentro de tí.

Escucha el cassette. 

Sugerencia: piensa que el sonido está en un renglón o sobre una cuerda y que de ahí no tiene que bajar.

Más adelante repetiremos varias veces este juego, pero cada vez trataremos de ponerte más trampitas para que pierdas el sonido escondido.

Juego No. 17

Bautizando los dibujos

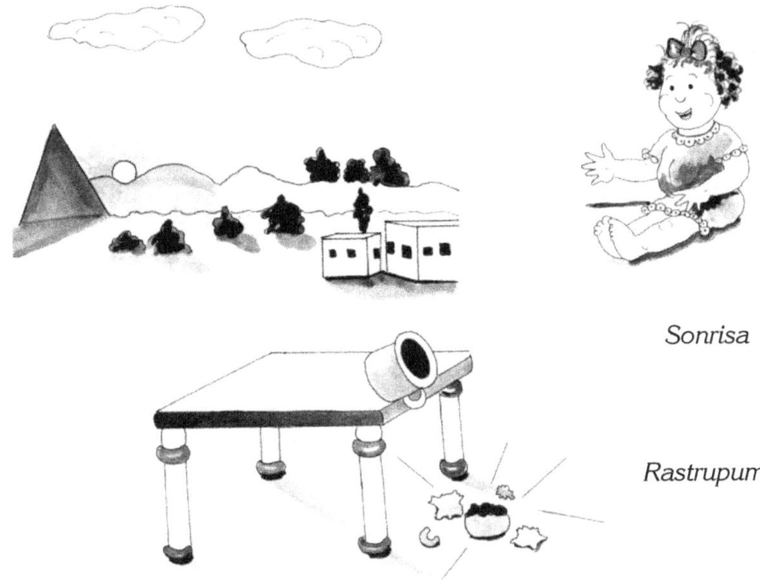 Has visto que cuando se lleva a bautizar un niño obviamente se le debe dar un nombre (José, María, Antonio, Sebastián, etc.). Cuando un artista dibuja un cuadro o hace una escultura también le da un nombre, por ejemplo: *Atardecer, Sonrisa, Rastrupum*

Sonrisa

Rastrupum

Los siguientes cuadros los bautizarás tú, pero la cosa simpática es que les inventarás un nombre, será un nombre que no existe, será un nombre completamente inventado por tí, por ejemplo:

Juego No. 18

Dibujar para entender

Haremos lo contrario del juego anterior, yo te doy una palabra que he inventado, por ejemplo PARBUMCO, la pronuncias varias veces con los ojos cerrados para ver que se te viene a la cabeza, a ver qué imagen se te ocurre mientras la pronuncias y después dibujas en el cuadro correspondiente lo que te ha venido a la mente mientras la pronunciabas. El mismo procedimiento haces para cada palabra.

Parbumco	*Uspizzito*

Rumrrino

Gliniu

Juego No. 19

El idioma del planeta fantasía

Juega con tus amigos, tus papis o hermanos a inventarle otros nombres a ciertas cosas que se usan o que vemos todos los días, cada uno escribe en una hoja la palabra que se le ha ocurrido y después se lee con la de los demás, será muy divertido.

	Palabra inventada
Televisor	
Carro	
Nevera	
Cielo	
Lluvia	
Asiento	
Esfero	
Fiesta	

¿No crees que podría haber sido así el origen de las palabras? Coméntalo con los demás, también con tu profesor(a).

Juego No. 20

Adivina cómo habla...

En los primeros juegos has imitado el sonido de muchas cosas y situaciones. Ahora imita el sonido que produce por ejemplo el viento. Después haces lo mismo con todos los demás sonidos. Invita a otras personas a escribirlas, será divertido escuchar y sentir como las pronuncia y escribe cada uno.

Hacer el sonido de	Escribe como suena
Viento	FFFFiiuu ffffiuu
Aguacero	
Tren	
Llave que gotea	
Puerta sin aceitar	
Una moto	
Máquina de escribir	
Timbre	

Juego No. 21

¿Sabes cómo suena?

Como en el juego anterior, trata de imitar primero el sonido que produce cada instrumento y después escribe al frente los sonidos que haz producido.

	Escribe como suena
Maracas	chchu chchu chchu
Flauta	
Tambor	
Claves	
Trompeta	
Guitarra	
Triángulo	
Platillos	
Arpa	
Fagot	
Piano	

Juego No. 22

Los movimientos del sonido

 Pronuncia en voz alta las siguientes frases:

¿Quieres jugar?   Más tarde.

Pronúncialas varias veces y siente la "musiquita" que hace tu voz al pronunciarlas.

El sonido se mueve, no se queda en un solo lugar, hace el siguiente movimiento.

Con un lápiz de color sigue el movimiento, primero en el aire y luego sobre cada frase.

¿Quieres jugar?   Más tarde.

Pronuncia las mismas frases teniendo la boca semiabierta pero los labios unidos, escucha los sonidos, repite varias veces.

Prueba a buscar el movimiento de las siguientes frases:

¿Te gusta el helado?

¿Sólo el de vainilla?

Me gusta ese pantalón verde
¿Y ya sabes cuánto cuesta?

Cuéntame un cuento
¿Cuál te gustaría escuchar?

En casa de herrero
azadón de palo.

Dime con quién andas
y te diré quién eres.

Puedes buscar el movimiento del sonido en otras frases cortas o dichos.

Juego No. 23

El robot hablador

Si pruebas a hablar como un robot te darás cuenta que en su hablado el sonido no se mueve. El sonido es siempre el mismo o mejor dicho habla sobre un sólo sonido.

Prueba a leer las siguientes frases imitando la voz de un robot:

> *En el pla-ne-ta del prin-ci-pi-to siem-pre ha-bía ha-bido flo-res muy sim-ples, a-dor-na-das con una so-la hi-le-ra de pé-ta-los, que a-pe-nas o-cu-pa-ban lu-gar y que no mo-les-ta-ban a na-die.*
> *A-pa-re-cían una ma-ña-na en-tre la hier-ba y lue-go se ex-tin-guían por la no-che.*

Otra cosa que habrás notado hablando como un robot es que al hablar frenan la voz en cada sílaba.

Juego No. 24

Volando con la imaginación

Cada tipo de música nos hace imaginar cosas diferentes: a veces hay algunos que dan la impresión que fueran pasos,

otras que parecen el mar en calma,

otras como si dibujaran punticos,

o círculos,

o serpentinas,

o como si dieran saltos,

o botes

y muchas otras cosas más.

Ahora escucharás en el cassette algunos fragmentos de varias melodías.

Mientras escuchas el cassette y según lo que te inspire la música, escoge uno de los diseños anteriores (serpentinas, ondas, puntos, etc.) y continúa el movimiento dentro del cuadro que corresponde a cada melodía hasta que haya terminado la música. Haces lo mismo con cada melodía.

Escucha el cassette.

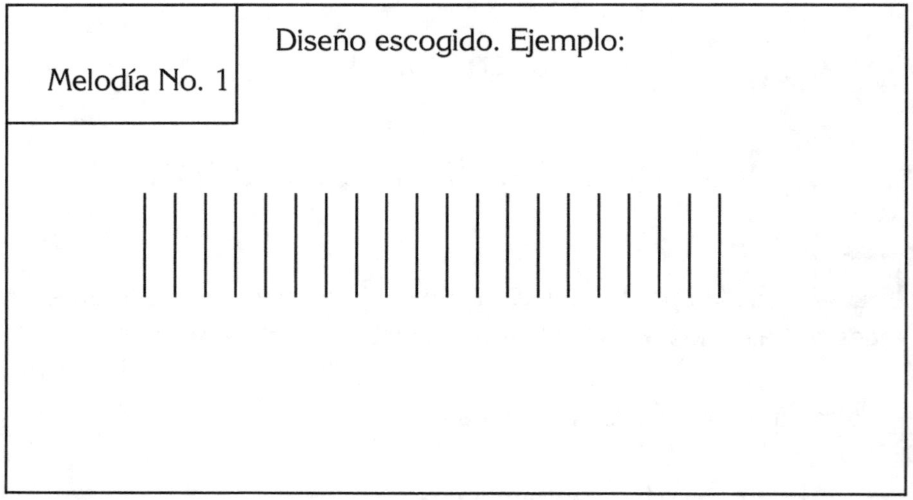

Melodía No. 3

Melodía No. 4

Melodía No. 5

Melodía No. 6

Juego No. 25

¡Ojo que el sonido se mueve!

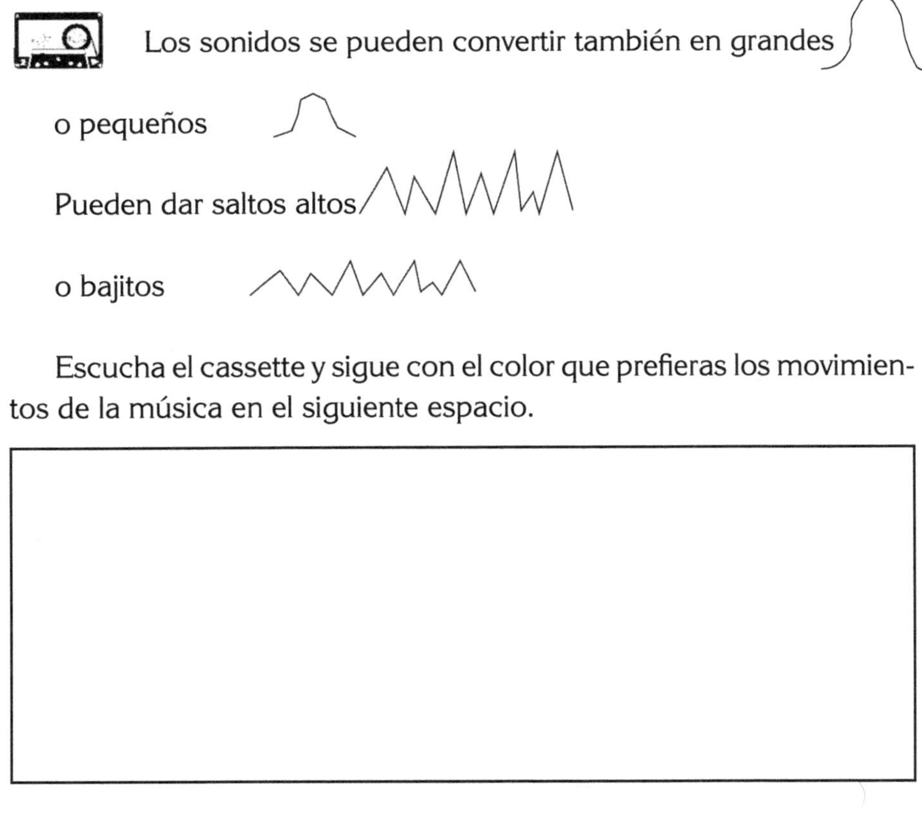

Los sonidos se pueden convertir también en grandes

o pequeños

Pueden dar saltos altos

o bajitos

Escucha el cassette y sigue con el color que prefieras los movimientos de la música en el siguiente espacio.

Juego No. 26

Paseando con la música

Escucha en el cassette una serie de sonidos. Escúchalos primero con los ojos cerrados. Devuelve el cassette y escúchalos de nuevo imaginando que estás yendo de paseo.

Escribe en los siguientes renglones todo lo que te imaginaste, escríbelo como si fuera un cuentico.

Juego No. 27

Inventor de cuentos

Igual que en el juego anterior escucharás otra serie de sonidos en el cassette, primero con los ojos cerrados. Lo puedes escuchar cuantas veces quieras.

En los siguientes seis cuadros te inventarás un cuentico haciendo los dibujos y las palabras de los personajes del cuento que te imaginas mientras oyes los sonidos en el cassette.

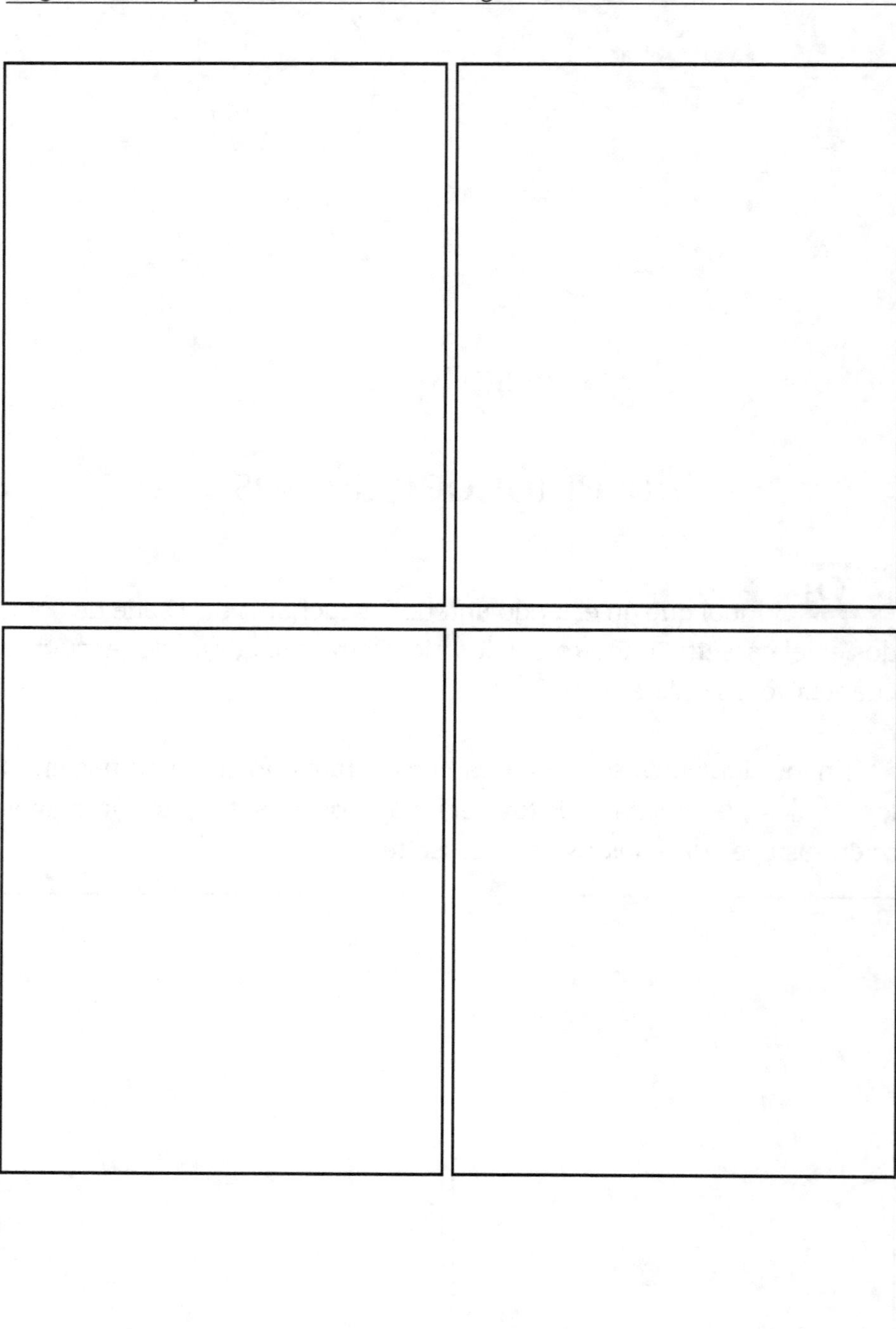

Juego No. 28

Dígamelo con música

¿Sabes? los sonidos producen dentro de nosotros una sensación o, mejor dicho, sensaciones diferentes, por ejemplo una música lenta nos puede dar la sensación de tranquilidad, de paz, de relajación, en cambio el rumor de tantos carros por la calle nos puede dar la sensación de desorden de fastidio.

Cierra los ojos e imagínate cada sonido que aparece en el cuadro. Luego al frente de cada sonido escribe la sensación que cada uno de estos produce dentro de tí.

Sonido	Sensación que te da
Explosión	
Agua	
Galope	
Sirena de ambulancia	
Mar	
Himno Nacional	

Juego No. 29

El super director de televisión

Piensa que tú eres el director musical de una programadora de televisión y tienes la responsabilidad de buscar y escoger la música de fondo más adecuada para cuatro programas.

En el cassette hay cuatro sugerencias musicales, escoge para cada programa la que vaya más de acuerdo con el mismo, escribe al frente de cada programa el número de la melodía que escogiste.

Escucha el cassette.

Nombre del programa	No. de la melodía seleccionada
El mundo submarino	
Las vacaciones	
El mundo de los niños	
El amigo Tony	

Juego No. 30

Cuando habla el tambor...

Decíamos en otro juego que según los sonidos que escuchas sientes cosas distintas; alegría, emoción, etc. Escuchando el sonido que producen los instrumentos musicales muchas veces sucede que te imaginas algo en particular.

Escucha en el cassette los instrumentos de la siguiente lista y escribe o dibuja al frente la sensación que te produce, o la primera cosa que te hace venir en mente el sonido de cada instrumento.

Instrumento musical	Sensación que me produce
Contrabajo	
Violín	
Tambor	
Flauta	
Arpa	

Juego No. 31

Ojo al volumen del radio

Este juego lo puedes hacer con las personas que quieras y en cualquier momento y con cualquier canción de la cual conozcas bien toda la letra. Se va cantando al mismo tiempo que la radio (o cassette, etc.) y en cualquier momento le bajas el volumen a la radio hasta que no se oiga y todos la deben seguir cantando. Cuando le vuelves a subir el volumen se comprueba si van en el punto justo, si se quedaron o se adelantaron.

Hagamos la prueba con una canción sencilla, aquí el volumen se bajará solo. Tú debes seguir cantando para ver si caes en el punto justo.

Escucha el cassette. 

Juego No. 32

Las "escondidas" con dos sonidos

En el juego No. 16 habíamos jugado a tratar de guardar un sonido y no dejarlo perder así escucháramos otros. Haremos lo mismo pero con dos sonidos.

Escucha el cassette.

Sugerencia: un truco muy fácil: imagínate el sonido sobre un renglón o una cuerda y cada vez que lo vas a buscar lo encontrarás en ese lugar.

Juego No. 33

El publicista

Has sido contratado para que organices la propaganda de una gaseosa. Lo vas a hacer siguiendo los siguientes pasos:

1. Inventa un *nombre* a la gaseosa _______________________________

2. Inventa una frase simpática que sea bastante "pegajosa", es decir que guste y que la gente la memorice fácilmente, sabes? a este tipo de frase se le dice *slogan* _______________________________

3. Dibuja todas las ideas que te vengan a la cabeza para presentar con *dibujos* la gaseosa.

    ____

    ____

    ____

4. Busca o invéntate la *música* que te gustaría ponerle como fondo a tu propaganda.

La propaganda definitiva será la siguiente:

1. *Nombre* elegido

2. *Slogan* de la propaganda

3. *Dibujo* definitivo

4. *Música*. La grabas en un cassette, luego muestras a todos la propaganda que organizaste.

Juego No. 34

Un poquito más duro...

Los sonidos pueden ser fuertes o suaves. Para mostrar que un sonido es fuerte haremos una raya grande diagonal así: y para el suave una raya pequeña así: /

Escucha el cassette y sigue las instrucciones.

Ejemplo:

Primer renglón

Segundo renglón

Tercer renglón

Cuarto renglón

Juego No. 35

El espejo

Te paras de frente al espejo y juegas a hacer muchas muecas: saca la lengua, agranda los ojos, tuerce la boca, imita a alguien, será muy divertido. Haz las mismas cosas en cámara lenta siempre de frente al espejo.

Otra manera de jugar al espejo es con otra persona: un amigo, tu mami, un hermano, tu papi, etc. Se colocan de frente, uno hace todos los movimientos que quiera, el otro lo imita lo mejor posible. Continúa así por un minuto y sin hablar, después se hace cambio. Luego se hace en cámara lenta.

Se puede poner música de fondo y hacer el gesto al ritmo de la música.
También hacerlo estando completamente en silencio.

Juego No. 36

El escultor fantasma

Los escultores son artistas que hacen estatuas con distintos materiales; por la ciudad puedes ver estatuas como la de Bolívar, de Santander, de la Reina Isabel de España, o la de Cristóbal Colón, etc. Ahora jugaremos a que cada uno se convertirá en una escultura, siguiendo estas instrucciones.

Nos colocamos de rodillas en el piso, sentados sobre los talones, ponemos la cabeza sobre las rodillas y los brazos estirados en el piso hacia adelante.

Ahora imaginamos que nos convertimos poco a poco en una escultura y suponemos que alguien, un *escultor imaginario* nos alza lentamente una mano, el brazo, la cabeza, el cuerpo, siempre como si fuera en cámara lenta, nos abre la boca, nos dibuja una sonrisa, levanta el tronco, y así sucesivamente nos mueve lentamente todo el cuerpo hasta que observa una posición que le gusta y así nos quedamos por un momento.

Si este juego lo hacemos en pareja, no tendremos necesidad del escultor imaginario. Un niño hace de escultor y el otro será la escultura, luego cambian. Se debe jugar en completo silencio.

Sugerencia: Para que el juego resulte mejor, se elige un lugar tranquilo y lejos del ruido, los cambios que se le van dando a la escultura se hacen lenta y delicadamente, debemos recordar que es "nuestra obra de arte".

Juego No. 37

El teatro de las marionetas

Las marionetas son un tipo de muñecos a los cuales se les da movimiento a través de hilos pegados a las distintas partes del cuerpo. El juego se puede hacer individualmente o por parejas

Idividualmente:

Comenzamos tomando como marioneta nuestra mano izquierda y para dirigir los movimientos será la mano derecha. Con la mano derecha pasamos un hilo imaginario alrededor del dedo pulgar de la izquierda, halando el hilo (que en realidad no existe), el dedo se moverá hacia adelante. Lo mismo hacemos con cada dedo de la mano izquierda. Al terminar se cambia de mano. Hay que estar muy atentos para que los movimientos vayan de acuerdo y sean bien coordinados.

Por parejas:

El juego se hace de la siguiente manera: el niño será la marioneta mientras mientras el otro será quien maneja los hilos para hacer mover la marioneta. Para comenzar, el niño marioneta se acueta boca arriba mientras el otro hace como si amarrara un hilo imaginario. (los movimientos deben ser lentos para que el niño marioneta vaya moviendo cada parte del cuerpo, como si en verdad fuera una marioneta).

Comenzamos en el siguiente orden:

— Una mano: se pasa el hilo imaginario alrededor de la muñeca, así cuando hala el hilo, la marioneta debe estar atenta, para seguir los movimientos de a mejor manera posible.

— Con la otra mano: moviéndola de todos los modos posibles.

— Amarrando el hilo imaginario a los dedos: primero al dedo pulgar, luego a cada dedo de la mano derecha y luego a cada dedo de la mano izquierda.

— Luego sólo con los brazos: se practica muchas veces y lentamente hasta que se vea como si fuera de verdad movido a través de hilos.

— Con las piernas: primero una, luego la otra y después las dos al tiempo.

— Despúes lentamente lo pasa a la posición sentado, siempre moviéndolo a través de hilos, sin tocarlo ni hablar.

— Estando sentado, se concentra en la cabeza. El hilo imaginario se puede halar ya sea desde el centro de la frente, desde la nuca o las sienes, según el movimiento que se qiera haer. Se le puede hacer doblar la cabeza hacia adelante, hacia atrás, hacia los lados, hacerla girar lentamente, etc.

— De la misma manera que se pasó a la posición sentado, se mueven los hilos imaginarios para pasarlo a la posición de pie.

— Cuando está de pie se le pueden hacer todos los movimientos que se quieran.

— ¡Y ahora con música!. Para cerrar con el juego, se puede poner música y hacer mover la marioneta al ritmo de la música. Hay que poner mucha atención que el niño marioneta no se mueva por sí solo, tiene que ser según lo que los hilos imaginarios le estén indicando.

El niño marioneta debe estar siempre muy atento mirando los movimientos que hace el niño con los hilos imaginarios, para que la coordinación sea perfecta.

Juego No. 38

El robot rumbero

Es posible que hayas intentado ya en otras ocasiones moverte como un robot. Éste hace movimientos rígidos, intermitentes y lo más curioso es cuando debe doblar una parte del cuerpo; brazos, piernas o girar la cabeza.

El juego consiste en tratar de imitar lo mejor posible al robot y una vez que se han practicado bien todos los movimientos, poner música bailable del fondo, la que se quiera e imitarlo siguiendo el ritmo de la música.

Sugerencia: antes de poner la música imita el robot pero por partes, por ejemplo; imítalo primero solo con los brazos, solo con la cabeza, solo con las piernas, solo con el tronco, etc. Luego imítalo uniendo dos de estas partes es decir, brazos y cabeza al tiempo, piernas y brazos, etc. Así continúas hasta que mirándote al espejo vez que realmente la imitación te gusta, entonces lo pones a bailar.

Juego No. 39

¿Qué cambió?

 *Primera parte*: Juegan dos personas, juntos observan muy bien el cuarto donde se encuentran, observan todos los objetos, los cuadros, asientos, etc., tratando de grabarse muy bien el lugar donde está cada cosa y cómo está colocada. Uno de los dos sale del cuarto y el otro cambia de lugar o esconde dos cosas, luego el que había salido entra y debe decir qué cambió o qué falta. Después se invierten los papeles y el que había salido será el que cambiará de lugar las cosas.

Después de haberse entrenado, se puede aumentar poco a poco el número de las cosas que se cambian de lugar.

Segunda parte: escucharás tres sonidos, a cada uno le corresponde un cuadro, luego cambiaremos un sonido. Marca cuál fue.

Escucha el cassette. 

Primer sonido	Segundo sonido	Tercer sonido

Primer renglón

Primer sonido	Segundo sonido	Tercer sonido

Segundo renglón

Primer sonido	Segundo sonido	Tercer sonido

Tercer renglón

Juego No. 40

Acompañando la música

Escoge una canción que te guste, puede ser una de las del cassette, prueba a escuchar música clásica, con este juego será muy divertido escucharla. Mientras la escuchas puedes acompañarla de distintas formas, por ejemplo:

— Coges un cuaderno y con el lápiz lo golpeas encima como si fuera un tambor.

— Además del cuaderno puedes coger un libro grueso y hacer lo mismo, verás que cambia el soni-do.

— Puedes agregar a los anteriores "tambores" un poco de hojas sueltas que coges con una mano y con la otra tocas.

— Otra manera divertida es coger una o dos hojas de papel periódico y rasgándolo en tiras seguir el ritmo de la música.

— Inventa otras maneras de acompañar la música e invita tus amigos para hacerlo juntos, será interesante.

Juego No. 41.

¡A descansar y relajarse!

Se coloca música tranquila, se puede escoger en el cassette o música clásica en general. Te acuestas sobre el piso en una posición cómoda y mientras escuchas la música con los ojos cerrados comienza a recorrer mentalmente tu cuerpo así:

— Comienza a pensar en los dedos de los pies, concéntrate solo en esa parte del cuerpo pero sin moverlos, trata de sentirlos solamente.
— Ahora los pies, primero uno y luego el otro. Despacio, sin correr.
— Igual con las piernas, concentrándote en las rodillas un poco.
— Sigue con el estómago, el pecho, los brazos, la cabeza, cada parte de la cara.

Es divertido cuando lo haces también con otras personas porque cuando se termina la música cada uno cuenta cómo se sintió, qué parte sintió más fácil y cuál menos, qué cosas pensaba y si la música le gustó.

En otra ocasión puedes hacer exactamente lo mismo pero acostado boca abajo sobre el piso.

Juego No. 42

La hoja que baila

En el juego cuarenta habíamos utilizado unas hojas de periódico para seguir el ritmo de una canción, ahora se trata de hacer bailar una hoja de periódico. Se coge con una mano la hoja y a medida que suena la música se hace mover por el aire como si bailara. Se puede también hacerla correr, saltar, dar vueltas, etc.

La primera vez no será tan perfecto el baile pero repitiéndolo varias veces con una misma canción, sabrás con anterioridad dónde cambia la música y podrás preparar mejor los movimientos que le haces a la hoja.

Juego No. 43

Músculos relajados

Igual que en el juego cuarenta y uno se trata de acostarse en el piso, escuchar una melodía de música clásica con los ojos cerrados y cuando se piensa en una parte del cuerpo, por ejemplo los brazos; hacemos tensión (o sea fuerza en el músculo) y distensión (es decir relajándolo de nuevo). Lo mismo se hace con cada parte del cuerpo.

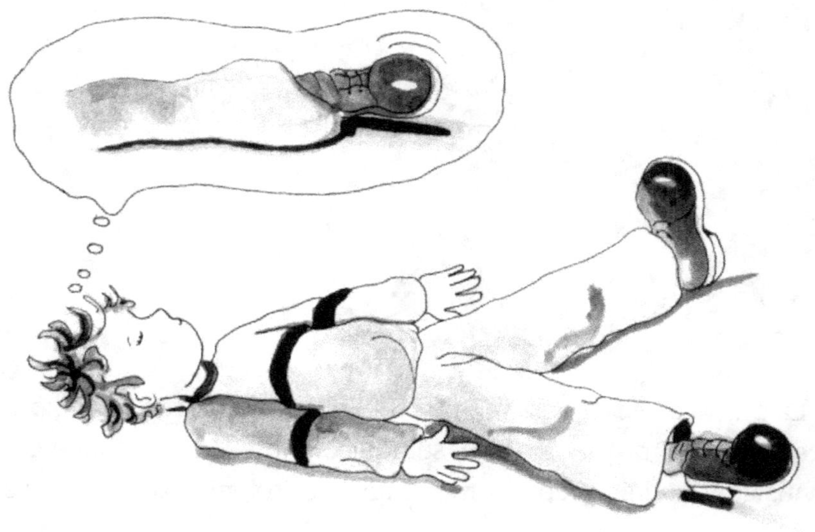

Juego No. 44

Manos adivinas

Se juega en pareja o en grupo.

En pareja:

Uno de los jugadores se pone una sábana sobre la cabeza tapando la cara. El otro con los ojos cerrados comienza a tocar delicadamente la cara por encima de la sábana. El que tiene la cara cubierta apenas siente que el otro comienza a tocarlo hace un gesto y se queda así por unos segundos. Quien está tocando tendrá que adivinar qué gesto era, imitándolo cuando haya terminado de tocarlo. Luego miran, comprueban y aclaran cuál gesto era. Después de varios gestos se hace cambio.

En grupo:

El que tiene que adivinar sale del cuarto o se voltea dando la espalda al grupo, los demás se colocan uno al lado del otro cubriéndose completamente con la sábana para que no se vea en qué orden se colocaron. Quien tiene que adivinar cierra los ojos y tocando la cara de cada uno tratará de adivinar de quién se trata.

Durante la inspección con las manos ninguno debe hablar, solo cuando ha terminado de tocar la cara de todos, da media vuelta dando la espalda de nuevo y dice los nombres en el orden con el cual los tocó. Luego se voltea, el grupo se quita la sábana y se comprueba cuántos dijo bien.

Juego No. 45

El mimo

Se trata de utilizar los gestos de la cara y el cuerpo para contar algo, sin utilizar la voz. Los demás tendrán que adivinar la palabra o palabras que "el mimo" está tratando de hacer entender. El que adivina pasa a hacer el mimo.

Antes de empezar el juego los jugadores se pueden poner de acuerdo sobre el tema de lo que se quiere representar, por ejemplo programas de televisión, nombres de personas, de animales, títulos de películas, etc.

Juego No. 46

El libro de mis sonidos preferidos

Para hacer este libro debes, primero que todo, preparar una carátula en cartón cartulina o un papel grueso, puede ser también una caja de zapatos que recortas bien y luego decoras o forras con el papel que quieras. Les abres dos huecos como se ve en el dibujo para ir agregando las hojas de tu libro.

Cada día, después de escuchar los sonidos que normalmente se oyen desde la mañana hasta la noche, escoges uno, el que más te gustó ese día, o el que más escuchaste, o, por qué no, también puede ser el que más te fastidió.

Haces el dibujo correspondiente y escribes cómo se puede pronunciar ese sonido que escogiste, le pones la fecha a cada hoja y la vas colocando en tu libro.

Juego No. 47

Cámbieme la música

Generalmente cuando nos dan una noticia, sin darnos cuenta emitimos un sonido, generalmente una vocal. Imagínate que recibes una noticia inesperada. Prueba a reaccionar como lo harías naturalmente. Escribe al frente de cada frase (noticia) que aparece a continuación, la vocal o sonido que te viene espontánea y naturalmente pronunciar.

Frase noticia	Vocal pronunciada
Mañana no hay clase	¡E!
Perdiste el año, tienes que repetirlo	
En este preciso momento tienes a tu lado el hombre invisible	
Vamos a cine	

Hazle este juego a otras personas, escribe las vocales o sonidos que dicen y compáralas con las tuyas.

Una variación del juego: Escoges una sola vocal, por ejemplo la A y a cada noticia respondes con la A, te darás cuenta que aunque es la misma vocal, en cada frase la musiquita de la A cambia. Después puedes probar con otra vocal y puedes intentar también con otras noticias, si juegas con otras personas cada uno inventa una noticia.

Frase-noticia	Movimiento de la "A" a cada noticia
Mañana no hay clase	
Perdiste el año, tienes que repetirlo	
En este preciso momento tienes a tu lado el hombre invisible	
Vamos a cine	

Frase-noticia	Movimiento de la "E" a cada noticia
Mañana no hay clase	
Perdiste el año, tienes que repetirlo	
En este preciso momento tienes a tu lado el hombre invisible	

Haz lo mismo con otras noticias y con otras personas, cada uno da noticias distintas.

Juego No. 48

El cantante de ópera

La ópera es como una obra de teatro, pero todas las palabras y, por lo tanto, todos los diálogos van cantados. El cantante de ópera hace muchos ejercicios con la voz y muchos de estos los hace delante del espejo.

Juguemos a que cada uno es un cantante de ópera y comencemos por cantar (como te venga más natural).

— Cada vocal con gritos cortos y fuertes.

A! E! I! O! U!

— Luego los gritos un poquito largos y fuertes.

AA!   EE!   II! OO!   UU!

— Mírate al espejo y mira cómo cambia la forma de la boca en cada
  vocal.

— Ahora canta cada vocal pero con sonidos cortos y suavecitos.

a   e   i   o   u

— Luego con gritos largos y pacitos.

aaa   eee   iii   ooo   uuu

— Ahora combina, cantando
  la misma vocal primero
  fuerte luego suave.

A aE eIi O o   Uu

— Prueba si puedes cantar
  suave cada vocal pero
  teniendo la boca en posición de grito.

— Según todo lo que has hecho mirándote al espejo, ¿cuáles vocales
  se pronuncian manteniendo la posición de la boca más o menos
  igual?

Juego No. 49

Declamar en serio y en broma

Habrás escuchado y en clase te habrán enseñado poesías para después declamar. Habrás notado que con la voz se le da un sentido particular a las frases.

Juguemos a declamar primero en serio y luego en broma, el siguiente párrafo de la poesía.

Esta es la historia, señores
de la Princesa Isabel
esta es la historia que deben
chicos y grandes saber.

Érase una princesita
de las pocas que se ven
que cara y alma tenía
más de ángel que de mujer.

*Por verla vino a Castilla
un príncipe aragonés
que enamorad no vino
y enamorado se fue.*

— Ahora en broma la misma poesía, haz de cuenta que estás a punto de llorar y declámala a ver cómo se oye.

— Ahora declámala pero imitando un borrachito.

— Ahora declámala imitando un viejito.

— Imitando a un paisa culebrero.

— Imitando a un pastuso.

— Imitando al bobo del pueblo.

— Imitando a un ñato.

— Inventa, junto con tus amigos, otras formas de declamar tanto en serio como en broma y diviértete cuanto puedas.

Juego No. 50

El escritor chiflado

Tomamos cualquier poesía y jugamos a quitarle las vocales reemplazándolas por una misma vocal que se repite en toda la poesía, así:

A Margarita Debayle	*A Margarata Dabaala*
Margarita, está linda la mar	*Margarita, astá landa la mar*
y el viento lleva esencia sutil	*a al vaanta llava asancaa satal*
de azahar;	*da azahar;*
yo siento en el alma	*ya saanta an al alma*
una alondra cantar;	*ana alandra cantar;*
tu acento.	*ta acanta.*
Margarita,	*Margarata,*
te voy un cuento a contar.	*ta vay an caanta a cantar.*

Se puede hacer también con cualquier canción o frase y utilizando cualquier vocal.

Dos y dos son cuatro
cuatro y dos son seis
seis y dos son ocho
ocho y ocho diez y seis

Dis y dis sin ciitri
ciitri y dis sin siis
siis y dis sin ichi
ichi y ichi diiz y siis

Prueba a hacerlo con otras poesías o canciones y a jugar con tus amigos a adivinar cuál es.

Juego No. 51

Inventando trabalenguas

¿Sabes? Puede ser muy fácil inventarse trabalenguas, por ejemplo una manera sencilla y divertida es la siguiente. Escoges una poesía o una canción y la escribes separando las palabras por sílabas así:

Por-el-mun-do-va-un-ma-ri-no
un-ma-ri-no-ge-no-vés
di-cien-do-que-da-rá-un-mun-do
al-que-un-bar-qui-to-le-de

Luego en cada espacio que hay entre una sílaba y otra le escribes una sílaba fija que se repite igual siempre, puedes escoger por ejemplo BA, PI, MU, SE, RI, TA, BO, CHI, etc. Para la poesía que hemos escrito hemos escogido la sílaba *chi*.

Por-chi-el-chi-mun-chi-do-chi-va-chi-un-chi-ma-chi-ri-chi-no
un-chi-ma-chi-ri-chi-no-chi-ge-chi-no-chi-vés
di-chi-cien-chi-do-chi-que-chi-da-chi-rá-chi-un-chi-mun-chi-do
al-chi-que-chi-un-chi-bar-chi-qui-chi-to-chi-le-chi-de

Si practicas un poco te puedes volver un experto con los trabalenguas y si lo practicas hablando con alguien, al final es como si se
hablara con un código secreto, o como un idioma secreto.

Conclusión

partir del momento en el cual el niño inicia la escolarización, se espera de él una perfecta "atención y concentración" en las actividades y trabajos que tiene que realizar. Como si fueran cualidades que se reciben desde el nacimiento automáticamente.

En cambio estas dos capacidades, como todos los demás repertorios básicos del aprendizaje, se deben estimular con frecuencia para desarrollarlos suficientemente. Como se hace exactamente con la gimnasia cuando se quieren desarrollar ciertas capacidades físicas.

Dando la posibilidad a los niños de jugar con la música de la manera como aquí se ha mostrado, se le da la oportunidad de comenzar a ser participante activo de su propia vida, sus propios sentimientos, emociones y opiniones.

Las actividades de participación consciente al mundo de los sonidos que lo rodean, las actividades de expresión, contacto y conocimiento del cuerpo, los juegos vocales, etc., le dan indirectamente y directamente la oportunidad de entrar en el mundo del análisis de las pequeñas cosas que suceden a su alrededor y de tener un punto de vista suyo al respecto y así llegar a tener los elementos para formar sus propias opiniones.

Bibliografía

LLORTO, Riccardo. *Vivere la música*. Italia, Ricordi Editori, 1985

ALVIN, Juliette. *La musicoterapia*. Barcelona, ed, Paidos. 1984.

BARONI, Mario. *Suoni e significati*. Firenze-Italia, Guaraldi Editori. 1978

BENENZON, Rolando. *Manual de musicoterapia*. Buenos Aires, ed. Paidos. 1981.

BENENZON, Rolando. *Musicoterapia en la psicosis infantil*. Técnicas de acercamiento. Buenos Aires, ed. Paidos. 1976

BENENZON, Rolando. *Musicoterapia y educación*. Buenos Aires, ed. Paidos. 1971

DALLARI, Marco. *Il linguaggio grafico-pittorico nella scuola dell'infanzia*. Firenze-Italia. La Nuova ed. 1976

FUX, María. *La formación del danzaterapeuta*. Barcelona, ed. Gedisa. 1989

LACARCEL MORENO, Josefa. *La musicoterapia en educación especial*. Murcia. Universidad Murcia. 1990

LAPIERRE, A. *El cuerpo y el inconsciente en educación y terapia*. Barcelona, ed. Científico-Médica. 1980

LAPIERRE, A. *Simbología del movimiento*. Barcelona, 2a. edición, ed. Científico-Médica. 1980

PIAGET, Jean. *La psicología del bambino*. Piccola Biblioteca Einaudi.

RANDSEPP, Eugene. *L'importanza di essere creativi*. Milano-Italia, Franco Angeli ed. 1987

SACHS, Curt. *Historia de la danza*.

SANSUINI, Silvano. *Pedagogía della música*. Feltrinelli, 1978

VAYER, Pierre. *Educazione psicomotoria nell'etá scolastica*. Roma-Italia, Armando A. ed. 1974

WILLEMS, Edgar. *Ritmo Musical, estudio psicológico*. Buenos Aires, 2a. edición, ed Eudeba. 1979

WILLEMS, Edgar. *Valor humano de la educación musical*. Barcelona, ed. Paidos. 1981

WINNICOTT, Donald. *Juego y realidad*. Barcelona 3a edición, ed. Gedisa. 1986

Discografía

ATAHUALPA, Yupanqui. *Duerme negrito* (Tradicional latinoamericana)

Bamboleo. *Gipsy Kings*

BEETHOVEN, L.V. *Sinfonía No 1 en Do mayor, opus 21, primer movimento.*

BERLIOZ, Hector . *La condena de fausto* (La dannazione di Faust, Pandaemonium).

BIZET, G. *Preludio acto 1 de la ópera Carmen.*

CIAIKOVSKI, P.J. De *El cascanueces* overtura, danza china, danza arabe. (Ouvertura, danza china, danza arabe).

DEBUSSY, C. *Preludio al atardecer de un Fauno.* Sonata para flauta, violonchelo y arpa. (1915)

FRANZ Liszt, *Los juegos de agua de la villa del est* parte de *años de peregrinaje.*

JOSEPH & STRAUSS, Johann . *Pizicato Polka*.

MOZART, W. A. *Adagio, de la Sinfonía concertante en mi bemol mayor K 364*. Para viola y orquesta.

MOZART, W.A. *Pequeña serenata nocturna (Alegro)*

ROSSINI, Giocchino . *Guillermo Tell. Escena pastoral. El barbero de Sevilla-Aria de la calumnia. Largo al factotum*

SAINT-SAENS, C. *El carnaval de los animales.*

SHUMANN, R. *El joven se adormece.*

SHUMANN, R. *Marcha militar.*

STRAUSS, Johann. *Marcia Radetzky*

La autora

Alix Zorrillo Palavicino

sicopedagoga de la Universidad Externado de Colombia, especializada en pedagogía terapéutica superior, en la Universidad Pontificia de España.

Catedrática de cursos de especialización en Madrid, Milán, trabaja en Italia con el C.E.M.B. centro especializado en cursos adelantados de psicopedagogía, musicoterapia y orientación musical para licenciados del conservatorio, psicólogos o psicopedagogos.

Este libro es el resultado de una larga experiencia desde que obtuvo con honores el título de Bachiller Pedagógico musical, y se inició en el campo de la orientación musical en el proyecto piloto de la Secretaría de Educación del D.C., el que busca que los maestros sean los multiplicadores, en sus respectivas instituciones, de la actividad musical y artística; luego haciendo parte del departamento de psicología y orientación en el Minuto de Dios, en un programa modelo para estudiantes con problemas académicos, disciplinarios y de comportamiento.

Siempre en el campo de la Musicoterapia Preventiva, trabaja en Italia en varios sectores: con ninos en campo reeducativo y terapéutico, con ninos y adolescentes con retardo mental. En la formaciòn de adultos en un Instituto de especialización en Musicoterapia y desde hace varios anos se esta interesando en la aplicación de la Musicoterapia en el campo de la Educación Prenatal dirigiendo cursos de preparación al parto que tienen como base la música y la danzaterapia, precisamente para sensibilizar los padres a la importancia de la comunicación con su hijo ya desde el período prenatal.

Participa a los más importantes eventos de encuentro a nivel mundial sobre estos temas, entre los últimos al Congresso Mundial de Educación Prenatal, organizado en el Aula Magna dell'Universidad La sapienza de Roma, en Marzo de1998. Al Convenio "El mundo nace" organizado en Cremona-Italia en Mayo del mismo año

La Casa Editorial "La Scuola" de Brescia-Italia publicó en Italiano el libro "gioco Musicale e Apprendimento" ya publicado en espanol en el 1995 por la Editorial Magisterio de Santa Fe de Bogotá- Colombia.

Títulos de la colección

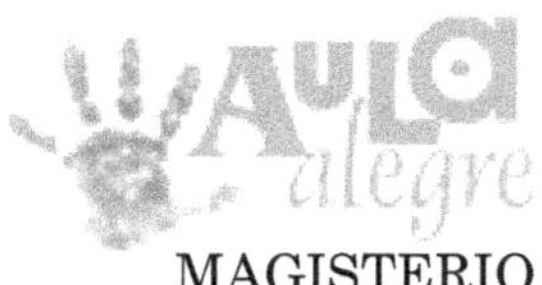

MAGISTERIO

LENGUA CASTELLANA

ANIMANDO A LEER
Tñecnicas para animar la lectura
Lizette Mantilla Sánchez

JUEGOS COMUNICATIVOS
Estrategias para desarrollar
la lectoescritura
Armando Montealegre A.

LA ESCUELA EN EL CUENTO.
Fabio Jurado

LA FIESTA DE LAS PALABRAS
Cien juegos creativos con palabras
Guillermo Bernal A.

LA LECTOESCRITURA
COMO GOCE LITERARIO
El poder de las palabras
Alcides Parra R.

JUGUEMOS CON LA POESÍA
Guillermo Bernal Arroyave

ISLA DE VERSOS
Poesía cubana para niños
Selección y notas
Sergio Andricaín

PALABREANDO SUEÑOS
Adivinanzas, trabalenguas, retahílas y
coplas como estrategias en el aula
Maritza Chávez Muñoz
Víctor Miguel Niño Rojas
(Autores y compiladores)

LÚDICA

LÚDICA CUERPO Y CREATIVIDAD.
Raimundo Dinelo
Carlos Alberto Jiménez V.-
Jesús Alberto Motta

DE QUÉ SE RÍE
Doscientos y pico de chistes
Nydia Cortés P.

LUDOCREATIVIDAD
Y EDUCACIÓN.
Raimundo Dinello

LUDOTECAS LUDOCREATIVAS
Raimundo Dinello

RECREACIÓN, LÚDICA Y JUEGO.
Raimundo Dinelo
Carlos Alberto Jiménez V.
Luis Alberto Alvarado

MATEMÁTICAS

ÁLGEBRA RECREATIVA. Procesos básicos para el desarrollo del pensamiento.
Esperanza Casas Alfonso

DIVERTIDAS MATEMÁTICAS
Esperanza Casas Alonso

JUEGOS MATEMÁTICOS
La magia del ingenio
Esperanza Casas Alonso

FESTIVAL MATEMÁTICO
Desarrollo del pensamiento visual y espacial
Esperanza Casas A.

INTELIGENCIA VISUAL Y ESPACIAL
El arte en las matemáticas
Esperanza Casas A.

PÓNGAME UN PROBLEMA.
La vuelta al mundo en ochenta juegos y acertijos.
Bernardo Recamán Santos

CIENCIAS

QUÍMICA RECREATIVA
Cien experiencias en el laboratorio
Luis Miguel Mora

CIENCIA MÁGICA 1
Desarrollo del pensamiento y la aptitud científica
Indalecio Villarraga Díaz

CIENCIA MÁGICA 2
Desarrollo del pensamiento y la aptitud científica
Indalecio Villarraga Díaz

MÚSICA

EL ARRURRÚ DE LA LUNA
Rondas y Rimas para jugar
Olga Lucía Jiménez

JUEGO MUSICAL Y APRENDIZAJE.
Estimula el desarrollo y la creatividad. Musicoterapia preventiva (con CD). Tercera edición.
Alix Zorrillo

JUEGOS MUSICALES PARA ESTIMULR LA ATENCIÓN Y LA CONCENTRACIÓN
Tercera edición.
Alix Zorrillo Pallavicino

CREATIVIDAD

LA ALEGRÍA DE CREAR
Estrategias para enriquecer la vida
escolar con actividades creativas
Blanca Isabel Triana de R.

CONSTRUYENDO IMAGINARIOS
Talleres creativos
Julia Pacheco - Mary Luz Pacheco

ORIGAMI. Fantasías de papel.
Elizabeth Porras

AULA
alegre
MAGISTERIO